零基础学选股

张赞鑫 编著

中国宇航出版社
·北京·

图书在版编目（CIP）数据

零基础学选股 / 张赞鑫编著. -- 北京:中国宇航出版社，2021.1
ISBN 978-7-5159-1878-5

Ⅰ. ①零… Ⅱ. ①张… Ⅲ. ①股票投资—基础知识 Ⅳ. ①F830.91

中国版本图书馆CIP数据核字(2020)第248137号

责任编辑 卢 珊　　　　封面设计 宇星文化

出版发行 中国宇航出版社
社 址 北京市阜成路8号　　邮 编 100830
(010)60286808　　(010)68768548
网 址 www.caphbook.com
经 销 新华书店
发行部 (010)60286888　　(010)68371900
(010)60286887　　(010)60286804(传真)
零售店 读者服务部
(010)68371105
承 印 北京天顺鸿彩印有限公司
版 次 2021年1月第1版　　2021年1月第1次印刷
规 格 710×1000　　开 本 1/16
印 张 12.5　　字 数 178千字
书 号 ISBN 978-7-5159-1878-5
定 价 39.00元

本书如有印装质量问题，可与发行部联系调换

要像淘金一样去选股

（代序）

选股如同淘金。股市是一个遍布沙子的黄金矿场，信心满满的淘金人进入其中，最后真正能淘到黄金的人少之又少。投资者必须做足功课，苦练“淘金”技术，才能在布满沙子的矿场中淘到真金。

市场上的股票有很多，每天都有涨停的，也有跌停的。从长线来看，有些股票可能在几年之内翻了数倍，也有些股票可能在几年之内折价 50% 以上。面对涨涨跌跌的股票，如何选股，如何选牛股，成为很多投资者步入股市后面临的一个问题。

选股，是股票交易能否获利的关键。选股并非简单地选择股票，而是要在正确的时间，选择正确的股票。股票价格的涨跌，固然会受到外围政治经济环境以及人的主观情绪影响，但优质的股票最终肯定会走出与其价值相符的价格。同理，无论何种行情，市场也总会有一些短线牛股冲击涨停板。也就是说，短线有短线的选股方法，长线有长线的选股策略，投资者要根据个人交易策略来进行选股。

与股票估值相似，从股市诞生的第一天起，就不断地有投资者试图寻找最佳的选股方法。时至今日，市场上已经发展出了各种各样的选股方法，如基本面选股法、巴菲特四维选股法、费雪成长股选股十五原则、祖鲁法则等。不过，有一点投资者需要清楚，任何选股方法都有其适用的环境和操作要求，对投资者也有不同的要求。投资者不能用短线选股的方法去做长线，也不能用长线选股的方法来进行短线操作。

投资者个人性格不同、资金量不同、操作手法不同，适用的选股方法也应该有所不同。本书介绍的选股方法，大致分为价值驱动选股法、价格驱动选股法以及事件驱动选股法三类，最后还介绍了跟随选股法。投资者应该能够从中找到适合自己的选股方法。

在股市这座充满了沙子与黄金的矿场中，最终能够淘到真金的，肯定是勤奋、智慧与勇气并存的人。当然，有时也需要一点点运气。不过，也有这样一句话，努力的人运气总不会太差。即使暂时缺少运气，但只要你坚持不懈地努力，运气最终还是会走到你身边的，就怕当运气来敲门时，你已经放弃了。

目　录

第八章　题材股、热点股选股法

第九章　跟随选股法

第一章

选股的基本逻辑与原则

市场上的股票有很多，投资者要想从股市中获利，就需要确立基本的选股逻辑和策略，并遵循基本的选股原则。

第一节　选股的基本逻辑

无论投资者采用何种选股技术与方法，归结到基本逻辑层面，其实只有以下三类，如图 1-1 所示。

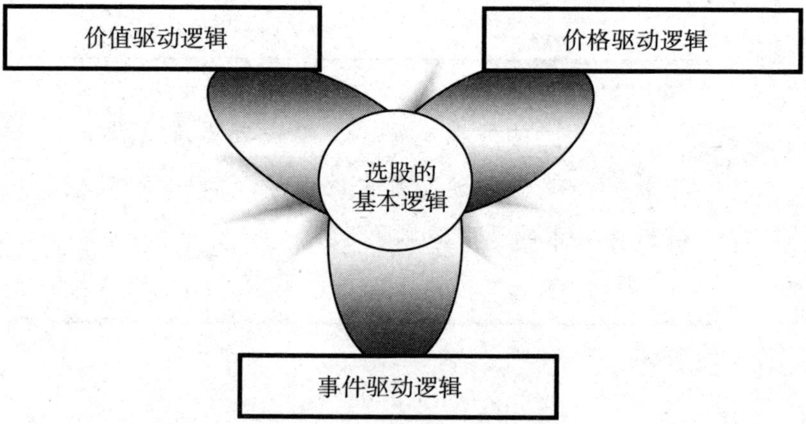

图 1-1　选股的三个基本逻辑

一、价值驱动型选股

价值驱动型选股，是指以上市公司内在价值与市场价格的关系作为筛选股票的基本标准。当股票价格低于其内在价值一定幅度（也就是通常所说的安全边际）后，考虑将其列入候选投资标的；反之，当股票价格大幅高于其内在价值时，则远离这类股票。价值驱动型选股，与股价所处的位置和形态无关，只与其内在价值有关。

在具体操作层面，由于倾向性不同，价值驱动型选股又可以细分为以下两个方向。

1. 当前价值与价格的对比

即通过对上市公司相关资产、经营能力、行业地位以及品牌等资产的分析和研究，确定其内在价值，然后根据内在价值与市场价格的关系，决定是否进行投资。比如，市净率、市盈率等指标都是据此发展而来的。

该方法的优点包括这样几个方面：第一，获得的内在价值相对可靠，因此，将价值与价格对比，就可以确定股票有无投资价值；第二，能够通过建立安全边际，防御投资风险，最大程度地保障投资安全。

该方法的不足包括这样两点：其一，没有考虑企业的未来发展状况，夕阳产业和朝阳产业中的企业，也许资产价值相同，但未来发展潜力、盈利能力是完全不同的；第二，由于计量方法和手段的问题，对企业资产内在价值的衡量无法做到准确无误。

巴菲特的导师、被称为价值投资奠基人的格雷厄姆所推崇的资产评估方式，其实就是基于对企业当前价值的评估。他把企业未来的发展潜力看成是自己投资的彩头，即发展好了，那是最好不过的事，如果发展不好也没有关系，因为他在评估企业价值时，就是按照企业当前的资产情况评估的（当然，实质上是按大幅低于当前价值来计算的）。

2. 基于成长型的价值评估

很多投资者发现，单纯地研究企业当前资产价值的方式，无法准确地评估高速成长型企业的价值，特别是最近一些年来，科技股以其强劲的成长潜力，价格不断地被推高。于是，越来越多的投资者开始倾向于使用能够筛选成长股的股票筛选标准，PEG 法、费雪的成长股筛选法日益受到重视。

该方法的优势包括这样两个方面：其一，充分考虑了企业的成长性，能够为成长潜力较大的企业赋予更加科学的估值；其二，有助于投资者选到长线白马股，就如同费雪所说的，如果一只股票仍能保持强劲的成长，你就不应该放弃它。也就是说，对于处于高速成长期的股票来说，投资者可能什么时候买都是对的，因为即使购买时股价偏高，但由于其成长性较佳，从未来来看，当前的价格也不算高。比如，贵州茅台的股价，几年前也许认为1000元的价格已经存在高估了，可是当股价上涨至1700元后，再回头看1000元的价格，也不能算高了。

该方法同样也存在一些不足之处：其一，对成长性的预测准确性不足，我们在对目标企业估值时，总是倾向于作比较乐观的估计，这可能会使得测算的股票内在价值过高；其二，对进入成熟期或者夕阳产业内的企业存在估值不准的问题。

总之，市场上基于价值驱动型选股的逻辑中，基于成长型价值驱动的逻辑日益占据了主流趋势。

二、价格驱动型选股

价格驱动型选股是与价值驱动型选股完全不同的一种选股逻辑。价格驱动型选股逻辑，是以股票价格波动的趋势为基础，当股价处于上升趋势或即将步入上升趋势时，入场买入股票，当股价结束上升趋势时，则坚定地卖空。该方法与股票本身的质地和内在价值无关，只与股票价格运行趋势有关。

从某种意义上来说，价格驱动型选股逻辑，其实就是寻找股价运行方向中最有利于自己的介入点，也就是最容易获利的点位。当然，这就涉及到另外一个问题，股价的运行趋势可以分为规模较大的趋势（主要趋势）和小型趋势（次级运动），投资者关注的趋势不同，可能会对股价的运行方向得出完全不同的结论。

按照价格趋势存续周期的长短，该选股逻辑也存在两个细分方向。

1. 中长线价格趋势运动

这是一种建立在对股价中长线运行趋势分析基础之上的选股逻辑。相对而言，该选股逻辑需要对整个市场、个股整个运行趋势都有所了解和掌握，进而通过各类技术指标或技术分析方法，对股价运行趋势进行判断。比如，以60日均线和120日均线为代表的中长期均线，就常常用于对股价运行趋势的判断。

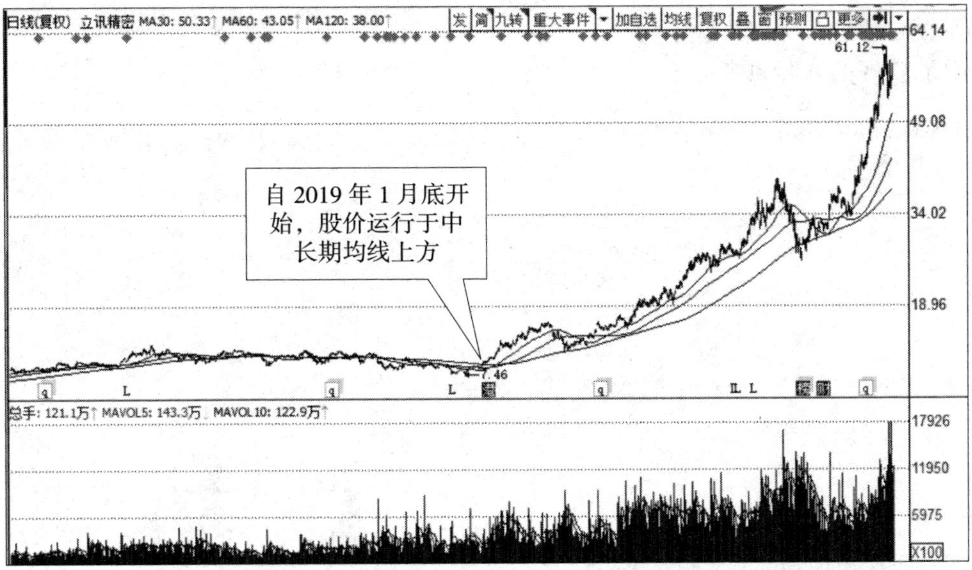

图 1–2　立讯精密（002475）日 K 线走势图

如图 1–2 所示，立讯精密的股价在 2019 年 1 月底成功向上突破中长期均线后，一直在 120 日均线上方运行，且各条均线的方向向右上方倾斜，属于典型的多头形态。对于偏好中长线趋势交易的投资者而言，这是一个较佳的入场点。同时，只要股价 K 线没有有效跌破中长期均线，就可以继续持股。

2. 短线或超短线趋势运动

对于短线和超短线投资者来说，短期的价格走势形态就是其最主要的选股依据。投资者一般会根据股价 K 线在短期内形成的运动形态与趋势、成交量或筹码形态等，判断其短线突破的可能性。

由于 A 股市场上存在涨跌停板制度，因此，还形成了一批以涨停板为研究对象的超短线选股策略与技法。当然，这些方法的成功率并不是很高，且伴随着较大的风险。

与中长期价格运动趋势相似，短线和超短线的股价运动趋势也会以一些技术指标作为参照，比如短期均线、KDJ 指标等。如图 1–3 所示。

2020 年春节之后，整个市场受新冠疫情的影响而大幅走低。2 月 5 日，润邦股份在大盘企稳回暖的带动下，温和放量走高，KDJ 指标同步出现黄金交叉，这属于典型的短线看涨形态。对于短线或超短线投资者来说，此时就属于较好的入场时机。

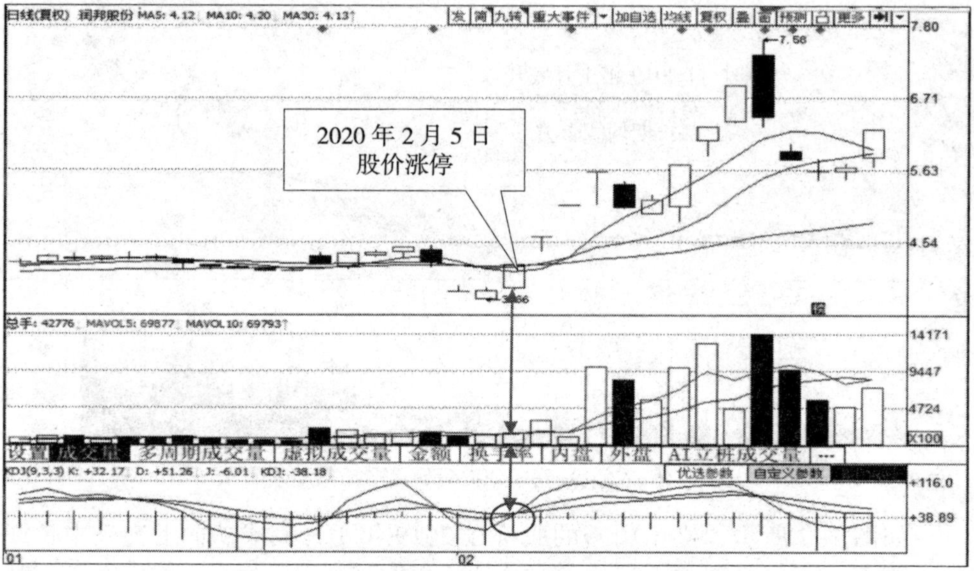

图 1–3　润邦股份（002483）日 K 线走势图

目前，市场上大部分股票技术分析方法都是基于价格驱动型选股逻辑产生的，其中又以股价短线或超短线运行趋势为多。

三、事件驱动型选股

事件驱动型选股有时会与价格驱动型选股逻辑中的短线选股逻辑重合。该选股逻辑是基于股票受益于某一利好消息刺激，进而引发股价大幅上涨。按照这一基本的选股逻辑，某只股票在利好消息的影响下，可能会对未来收益产生积极的影响。由于过去该股的收益和价格中并没有体现这部分收益，因而，在短期内，市场会在该利好消息的驱动下，完成股价的重估。当然，从现实情况来看，这些利好事件确实有一些能够给个股带来实质上的收益，还有一些仅仅就是一个概念而已，并不会真正增加企业的收益。不过这并不重要，因为市场炒作的就是预期而非当下，只要具备相关的题材，市场资金有炒作的意愿，股价就可能出现上涨。

常见的题材，也是市场资金比较认可的概念，大致包括但不限于以下四类，如图 1–4 所示。

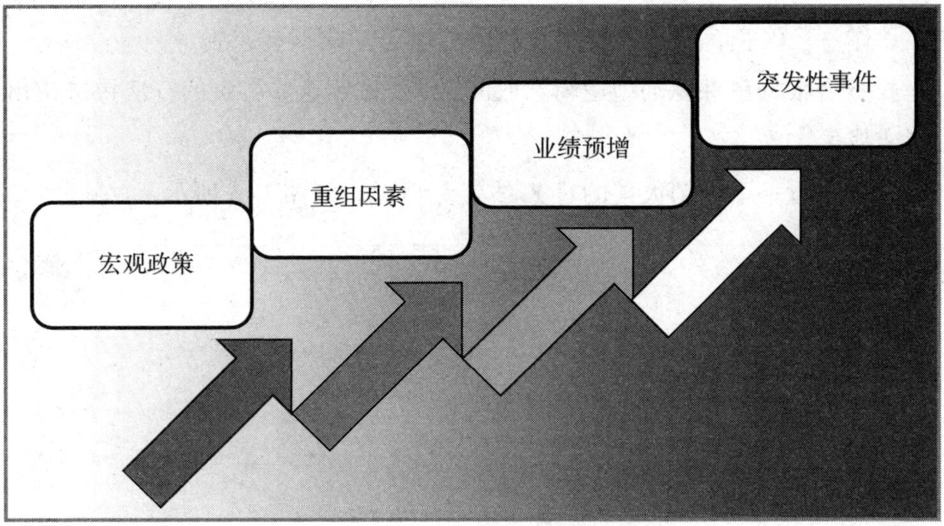

图 1–4　事件驱动型选股的炒作方向

第一类：宏观政策。

包括国家层面的各类发展规划和各行业、各产业的发展规划等。

第二类：重组因素。

这是一种资金非常热衷的炒作题材，包括各类收购重组或合并重组等。

第三类：业绩预增。

尽管有些企业的预增只是暂时的，并不具有可持续性，但市场上的资金还是比较喜欢这类股票。特别是那些预增幅度远超过市场预期的股票，更容易获得资金的青睐。

第四类：突发性事件。

这是一种市场没有任何预期的事件，包括各类地缘政治风险、军事冲突、地震灾害、疾病灾害等。

也就是说，事件驱动型选股，与股票的内在价值和股票走势都没有关系，只与资金炒作的意愿、事件的影响力有关，其中最为核心的是资金的参与度。

回顾历次因各类事件、题材引发的股价上攻行情，多与一些游资有关。这些游资的操盘手法与机构资金不同，他们不会长期驻守在某只股票，而是在热点事件出现时入场，然后根据事件发酵程度和市场热度决定何时结束炒作。炒作一旦停止，游资就会干净利落地撤退，绝不会恋战。

投资者根据事件驱动型逻辑选股时，也要按照这些游资的打法快进快出，不能恋战。

下面来看一下供销大集的日K线走势情况，如图1–5所示。

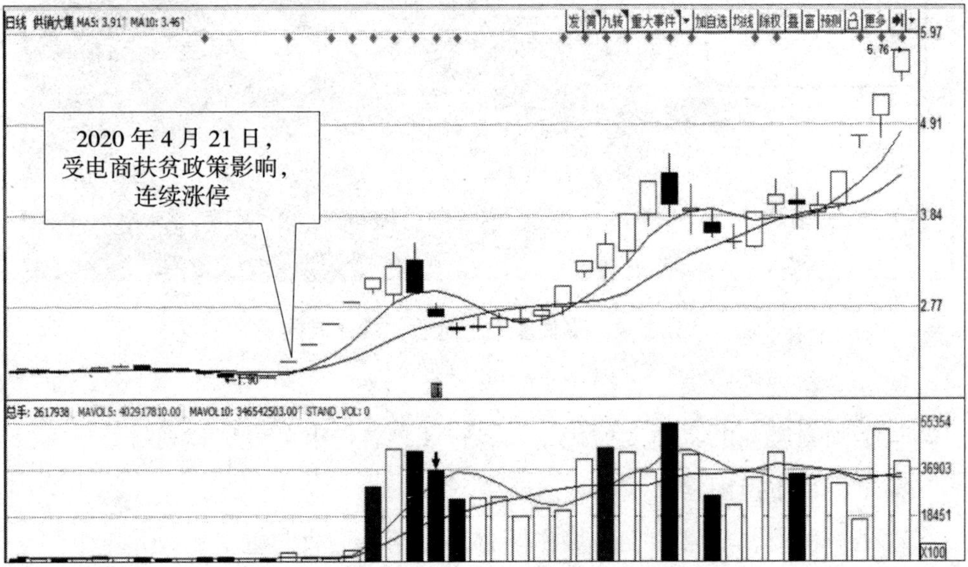

图1–5　供销大集（000564）日K线走势图

如图1–5所示，2020年4月下旬，供销大集受到政策利好因素的刺激，从4月21日开始连续拉出多个涨停板。从该股的日K线走势图中也能看出，当该股股价涨停结束后，立即迎来了一波调整行情。

不过，与其他股票不同的是，该股调整结束后又掀起了新一波炒作浪潮，这与当时热炒的重组概念和海南自贸区概念有关。

第二节 选股的基本原则

投资者在选股过程中，需要遵循这样三个基本原则，如图 1-6 所示。

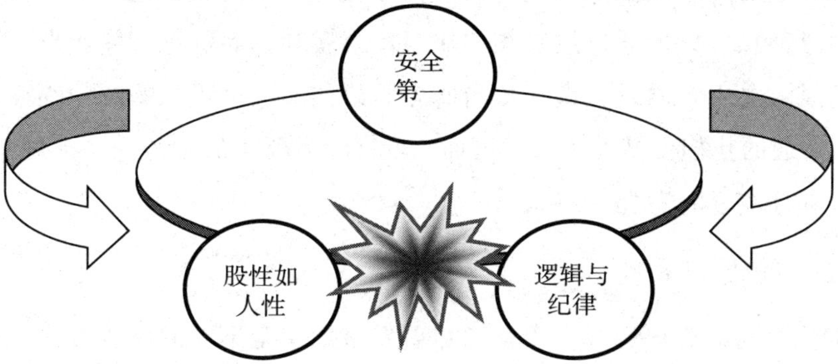

图 1-6 选股的基本原则

一、安全第一

股市有风险，无论是在选股时还是在具体操作过程中，投资者都需要努力将风险降到最低。错过机会没什么，股市中的机会天天都有，但你的资金却不一定常有。因而，在选股时，必须贯彻“安全第一”的原则。

当然，在选股时，因选股逻辑不同，投资者面临的风险也会有所不同。

1. 价值驱动型选股逻辑

通过选择和应用更为科学、合理的股票价值评估方法，努力使自己的估值与股票真实的内在价值相吻合，是保证整个投资安全的基础。同时，在确定股票的内在价值之后，还需要构建一个较为宽广的安全边际，将自己的投资置于相对安全的环境中。比如，经过评估后，一只股票的内在价值为 20 元，那么，投资者要尽可能地在股价低于 16 元时入场，这样就有了一个 20% 左右的安全边际。

2. 价格驱动型选股逻辑

价格驱动型选股依据的是股票的价格形态，因而，投资者需要通过多种技术指标综合分析，努力对真突破和假突破进行区分，并通过合理控制仓位、严格设置止盈位与止损位来分散和控制风险。

3. 事件驱动型选股逻辑

该项选股逻辑面临的风险与收益都是最大的。由于普通投资者很难事先了解内幕消息，只能通过追涨某些热门概念获利，而这有可能让自己置身于较大的风险之中。同时，这些热门概念股票在上涨过程中的波动幅度往往非常大，普通的止损位基本无效，因而，投资者需要压低参与仓位来规避风险，保证大部分本金的安全。

二、股性如人性

按照不同的逻辑选股，也就意味着要采用完全不同的操盘方式，投资者面临的风险也是完全不同的。有的投资者性子比较急，很难做到长期持股，也就很难借助价值驱动型选股策略进行选股，而通过价格驱动型选股逻辑来选股可能更符合其需求；相反，另外一些投资者可能性格比较保守，喜欢稳扎稳打，则适合采用价值驱动型策略选股；对于风险承受能力强，短线和超短线投资经验丰富的投资者来说，事件驱动型选股也是一个不错的选择。

总之，适合自己的才是最好的，投资者不能看到某种方式或方法能够挣钱，便贸然选择并不适合自己的方法。

为了能够更好地把握未来的投资机会，投资者需要注意这样几点。

第一，结合自己性格锁定选股逻辑。股票的价格波动与主力背后的操作密不可分，而主力操作的依据，其实还是归于对人性弱点的了解，他们攻击的是大多数人的弱点。因此，投资者在确定选股逻辑时，一定要知道自己的性格弱点在哪里，从而避开弱点，用自己强大的一面面对主力，这样才有盈利的希望。

第二，依据某一选股逻辑选定股票后，除非事先确认的卖出理由出现，否则不要轻易更换投资标的，更不能因为持有个股的涨势没有其他股票好，就选择换股操作。

三、遵循逻辑，遵守纪律

在股市中，经常会充满各种各样的声音，有些投资者特别容易被各种声音所左右，频繁更换股票。而能够长期坚守的投资者，肯定是坚持遵循自己的选股逻辑，并严格执行交易纪律，不被外界声音所左右的人。

投资者可以根据自己的特点制定符合自身实际情况的交易纪律，但下面这几条却是每个投资者都应该共同遵守的投资纪律。

第一，建立完整的交易系统。没有完整的交易系统，只是随意地买卖，其实等同于自杀。特别是买入点与买入理由、卖出点与卖出理由，必须事先按照交易系统予以明确。

第二，坚决按照交易系统的指示操作，而非根据自己的感觉或外界的某些信息随意改变操盘计划。

第三，坚持自己的投资原则。投资者应该选择自己熟悉的股票进行投资，特别是按照价值驱动逻辑选股的投资者，更是应该对自己投资的股票了如指掌。

第四，坚守盈利法则。切勿贪婪，当盈利达到一定幅度或者股票价格远远高于内在价值时，要考虑卖出止盈或减仓。

第五，坚持“宁少做不滥做”的原则。不要随意操作任何一只股票。

第六，永远保持一颗平常心。

第二章

基本面选股法

基本面选股法，即通过对股票基本面包括财务、运营与发展潜力的分析，判断企业创造价值的能力和股票的内在价值，并根据价值与价格的关系选择目标股票的方法。

基本面分析包括以下几个要点。

第一，基本面分析，本质上是对股票本身质量的研判与分析，重在股票的内在价值，即资产质量情况如何，是基本面分析中首先要考虑的因素。

第二，运营能力强，未来发展潜力大的企业，自然会受到更多的关注，也应该被赋予更高的估值。

第三，按照基本面选股法，我们并不是寻找基本面最优秀的股票，而是在基本面优异的股票中，找寻价格最便宜的。否则，若不计价格的话，只需从市场上选择贵州茅台、恒瑞医药等少数几只超级绩优股就可以了。

通常情况下，基本面选股法包括以下三个核心维度，如图 2-1 所示。

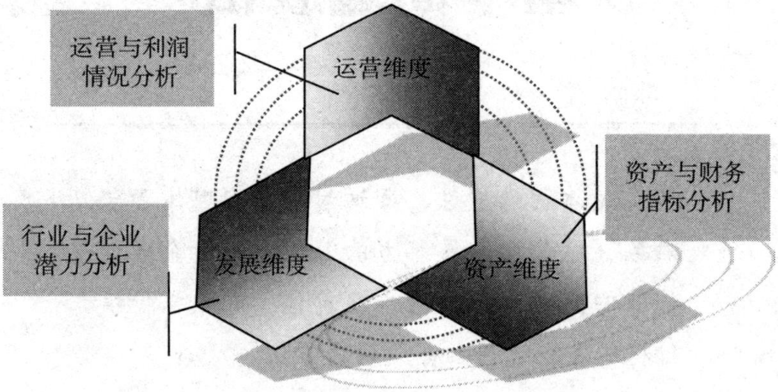

图 2-1　基本面分析的三个维度

第一节　运营与利润情况分析

在我们接触的企业基本面信息中，最重要的并非财务指标，而是运营与利润成长性指标，因为绝大多数财务指标都属于结果性指标，而非过程性指标。评估一家企业的价值，应该重点关注其能够为投资者带来多少价值，即企业通过组织各类资源进行生产活动，创造出更多的剩余价值。

一、企业运营与商业模式评估

在对企业基本面进行分析时，首先需要了解企业的商业模式，即企业是靠什么赚钱的。通常情况下，商业模式越简单易懂，也就越容易评估。

比如，目前市场上的高价股中，除了贵州茅台之外，还有一只股票叫长春高新。单从股票名称中，我们根本不知道这家企业是以何种方式盈利的，因此需要对其进行初步分析。

长春高新技术产业(集团)股份有限公司的主营业务以生物医药、健康产业为主，房地产开发为辅。公司主要产品为聚乙二醇重组人生长激素注射液、重组人生长激素、注射用重组人促卵泡激素、冻干水痘减毒活疫苗、人用狂犬病疫苗、血栓心脉宁片、银花泌炎灵片等。该公司旗下的金赛药业研发的重组人生长激素系列产品，占据了很大的市场份额，特别是水针剂和长效生长激素，更是直接垄断了市场。生长激素产品的垄断性优势，为该企业带来了巨大的利润。

下面来看一下长春高新的产品销售与利润占比情况，如图 2-2 所示。

业务名称		营业收入(元)	收入比例	营业成本(元)	成本比例	利润比例	毛利率
按行业	制药业	64.03亿	86.83%	5.55亿	50.99%	93.25%	91.33%
	房地产	9.57亿	12.98%	5.33亿	49.01%	6.75%	44.25%
	服务业	1428.88万	0.19%	-	-	-	-
按产品	基因工程/生物类药品	58.23亿	78.97%	4.15亿	38.11%	86.24%	92.88%
	房地产	9.57亿	12.98%	5.33亿	49.01%	6.75%	44.25%
	中成药	5.80亿	7.86%	1.40亿	12.89%	7.01%	75.81%
	服务业	1428.88万	0.19%	-	-	-	-

图 2-2　长春高新产品收入构成(2019 年度)

从图 2-2 中可以看出，长春高新整个产品线的重心在制药产业和房地产产业上，其中制药业的收入占比高达 86.83%，利润占比更是高达 93.25%。可以这样说，长春高新更多地是一家偏重生物制药行业的企业。当然，我们也应该知道，长春高新获得的收益绝大部分来源于金赛药业。2019 年，长春高新的净利润总额为 17.75 亿元，而金赛药业一家企业贡献的利润就高达 19.76 亿元。也就是说，金赛药业在养着整个企业，由此可见金赛药业对长春高新的重要性。

2019 年 12 月 10 日，长春高新完成了对金赛药业部分股权的收购，使得长春高新掌控金赛药业的股权达到了 99.5%，接近于完全控股。

从某种意义上来说，金赛药业利润的强劲增长与其掌握的长效生长激素密不可分。该药物为金赛药业首创，在国内处于垄断地位，因此，在未来的数年内，金赛药业和长春高新的业绩都是无忧的。

从运营模式上来看，长春高新主要是靠金赛药业所掌握的长效生长激素盈利的，这是一个非常清楚的模式。至于该公司的其他业务，目前除了房地产业务外，更多地像是一种点缀，当然，也并不排除其后能够创造出新的利润增长点。

二、企业竞争优势评估

市场中的企业，都不可避免地会参与到市场竞争之中。与同行业企业竞争客户，与供应商竞争谈判的主动权，还要防范新进入者或者技术更新换代的威胁等。20 世纪 80 年代，哈佛商学院教授迈克尔·波特提出了著名的五力竞争模型，如图 2–3 所示。

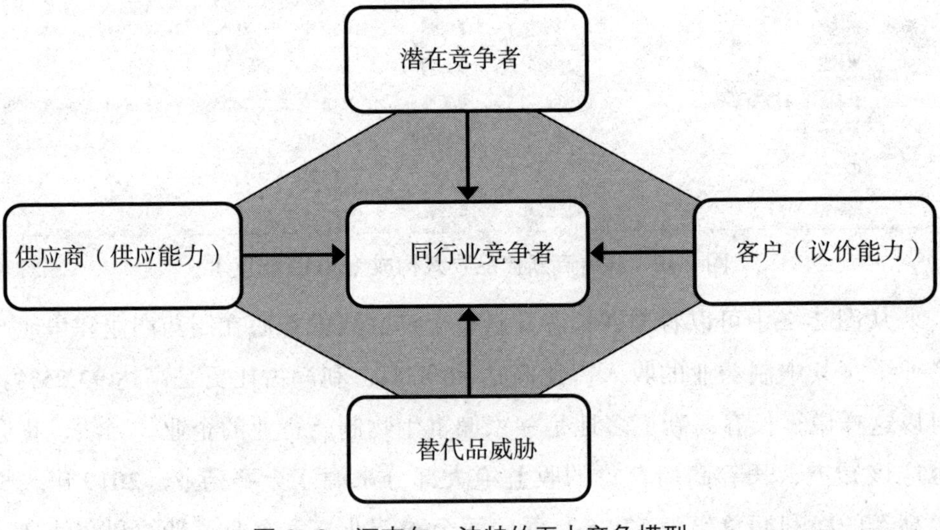

图 2–3　迈克尔·波特的五力竞争模型

图 2–3 的分析模型可以为投资者分析标的企业提供重要的参照维度。

第一，同行业竞争者。这是在分析企业竞争能力时最先考虑的一个维度。一家企业只有在行业内（包括细分领域内）占据绝对的优势地位，才能获得更好的发展。比如，白酒行业中的顺鑫农业，其旗下的牛栏山二锅头在低端白酒市场拥有较强的竞争能力，股票才会被市场追捧。

第二，潜在竞争者。该分析维度对于普通投资者来说相对比较困难。我们在投资中应该重点关注那些即将进入该行业的拥有某种技术或品牌的企业。比如，随着证券行业对外资的放开，未来整个证券行业势必会受到一定的冲击，其盈利能力、净利润水平都可能会受到一定的影响。

第三，替代品的威胁。对于医药行业和科技行业来说，该维度的影响非常大，一旦企业掌握的核心技术被替代，企业势必会被市场抛弃。比如，在治疗糖尿病领域，目前疗效较好的药品主要为胰岛素。国内市场上，胰岛素生产厂商主要为以二代胰岛素为主的通化东宝和以三代胰岛素为主的甘李药业。在三线城市和县级医院中，尽管二代胰岛素仍是主力品种，通化东宝的业绩暂时无忧，但毕竟三代胰岛素属于二代胰岛素的替代品，因而市场还是更愿意给甘李药业赋予更高的估值。

第四，供应商的供应能力。在一些相对特殊的行业中，供应商的供应能力以及供应意愿，都可能对企业产生至关重要的影响，比如手机领域中的核心部件——芯片。目前，高性能芯片生产企业中，台积电通过代工生产，向各大手机厂商供应芯片。对于手机厂商或手机芯片设计企业来说，能够从台积电拿到多少芯片，就是制约其未来发展的关键。美国制裁华为，就是通过华为供应商这一维度对其进行打压的。投资者在分析标的企业时，一定要考虑其供应商的情况，分析有没有被供应商压制或制约的领域等。

第五，客户的议价能力。企业不同，客户的议价能力是完全不同的。比如，贵州茅台的客户议价能力几乎可以忽略不计。相反，对于很多依附于某些大型企业生态系统的企业来说，客户的议价能力是极强的，比如依附苹果生态系统、小米生态系统或华为生态系统中的企业，在很大程度上需要接受客户的定价。

三、基本面核心指标 1：每股收益（EPS）

每股收益即每股盈利（EPS），又称每股税后利润，指企业税后总利润与股本总数的比率。它是测定股票投资价值的重要指标之一，也是最主要的基本面分析指标。每股收益，用通俗的话来讲，就是你买入一股股票，在某一财务周期内能够获得收益的情况。当然，每股收益更多地用于与其他指标结合在一起分析股票的价值。

这里先简单介绍两种每股收益的分析方法。

1. 每股收益比较

不同行业或企业之间比较每股收益是没有意义的。不过，企业自身的历年每股收益对比，能够在一定程度上反映企业的发展情况。通常情况下，一只健康的股票，其每股收益是呈上升态势的，而且其增长的比例应该在 10% 以上，若每年能递增 30% 以上更佳。

下面来看一下贵州茅台的每股收益情况，如图 2-4 所示。

图 2-4　贵州茅台（600519）每股收益变化

从图 2-4 中可以看出，贵州茅台的每股收益尽管总体上呈现稳步上升态势，但 2014 年和 2015 年却出现了小幅回落。为了获得更准确和真实的数据，投资者还可以进一步查看该股历年的送股、配股、回购与增发数据，如图 2-5 所示。

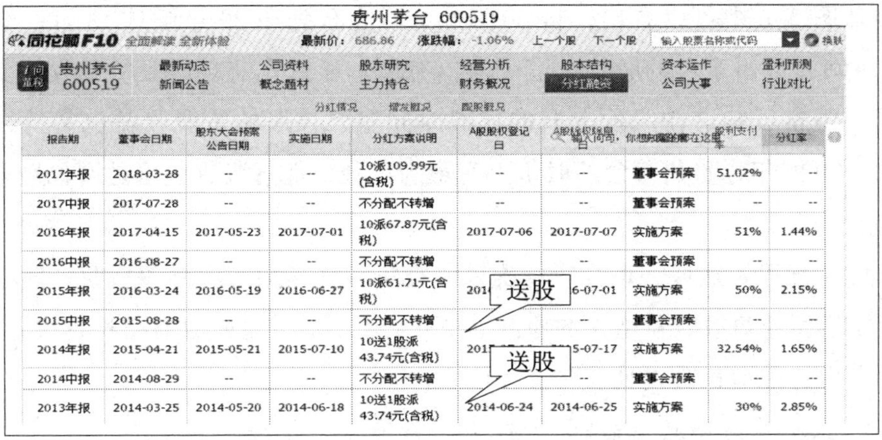

贵州茅台 600519

同花顺F10 全面解读 全新体验　最新价：686.86　涨跌幅：-1.06%　上一个股　下一个股　输入股票名称或代码　换肤

贵州茅台 600519　最新动态　新闻公告　公司资料　概念题材　股东研究　主力持仓　经营分析　财务概况　股本结构　分红融资　资本运作　公司大事　盈利预测　行业对比

分红情况　增发概况　配股概况

报告期	董事会日期	股东大会预案公告日期	实施日期	分红方案说明	A股股权登记日	A股除权除息日		股利支付率	分红率
2017年报	2018-03-28	--	--	10派109.99元(含税)	--	--	董事会预案	51.02%	--
2017中报	2017-07-28	--	--	不分配不转增	--	--	董事会预案	--	--
2016年报	2017-04-15	2017-05-23	2017-07-01	10派67.87元(含税)	2017-07-06	2017-07-07	实施方案	51%	1.44%
2016中报	2016-08-27	--	--	不分配不转增	--	--	董事会预案	--	--
2015年报	2016-03-24	2016-05-19	2016-06-27	10派61.71元(含税)	201	6-07-01	实施方案	50%	2.15%
2015中报	2015-08-28	--	--	不分配不转增	--	--	董事会预案	--	--
2014年报	2015-04-21	2015-05-21	2015-07-10	10送1股派43.74元(含税)	201	5-07-17	实施方案	32.54%	1.65%
2014中报	2014-08-29	--	--	不分配不转增		--	董事会预案	--	--
2013年报	2014-03-25	2014-05-20	2014-06-18	10送1股派43.74元(含税)	2014-06-24	2014-06-25	实施方案	30%	2.85%

图 2–5　贵州茅台（600519）分红融资情况

由图 2–5 可知，贵州茅台 2014 年和 2015 年每股收益出现了小幅下降的情况，与前一年度“每 10 股送 1 股”的利润分配方案有关。也就是说，在 2014 年和 2015 年，该股的股本数都要比前一年度更多，因而分摊到每一股的收益也就出现了相应的下降。

对比图 2–4 和图 2–5 可知，贵州茅台近些年来的每股收益一直呈现稳步上升态势，这也使得该股的股价一路走高，如图 2–6 所示。

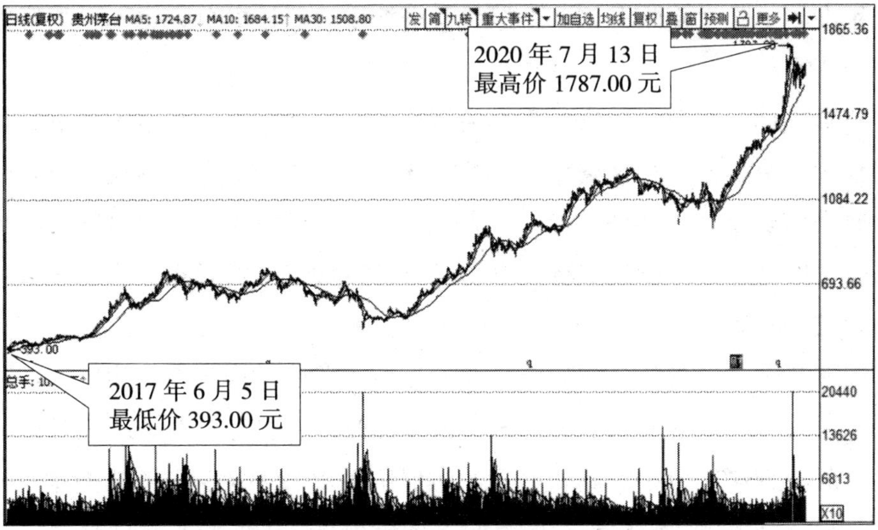

图 2–6　贵州茅台（600519）日 K 线走势图

从图 2-6 中可以看出，自 2017 年 6 月 5 日到 2020 年 7 月 13 日，短短 3 年时间，贵州茅台的股价上涨了 4 倍有余。通过先前对该股每股收益变动情况的观察可知，在股价上升的这段时间里，该股的每股收益也是持续走高的。2020 年，贵州茅台的股价上升最为迅猛，而每股收益也是增长最多的一年。

除了配股、送股、增发等情况外，投资者在考察个股的每股收益时，还需要了解企业每股收益增长的原因。并不是说个股的每股收益增长越快越好，还要考虑这种增长是否具有可持续性。

2. 每股收益增长率变动

每股收益增长率是由每股收益演化而来的，其在衡量个股成长性方面的用途也更为广泛，它反映了每一股公司股权可分得利益的增长情况。通常情况下，股票的每股收益增长率越高，越能持续，说明该股的成长性越好。

每股收益增长率的计算方法如下：

每股收益增长率 =（当期每股收益 – 上期每股收益）/ 上期每股收益

通常情况下，只有一只股票的每股收益增长率达到或超过 15%，且能够保持 5 年以上，才能被称为成长性较佳的股票。当然，出现个别特殊情况，某一年度的每股收益低于 15%，但只要平均增速超过 15%，也不影响对优质股票的认定。

行业不同，每股收益增长率也会有所不同。例如，一些刚刚上市的、股本量较小的企业，每股收益增长率可能会远远超过 15%，个别创业板股票的每股收益增长率甚至能够连续几年超过 100%。而一些上市时间较长，且股本量较大的企业，每股收益增长率相对就会减缓。投资者在实战选股时，要适当地进行权变。

投资者需要了解自己所关注行业的年均每股收益增长率，然后将目标标的的每股收益增长率放到整个行业中去作比较。若目标股票是一只上市年限较短、股本较小的股票，那么，它的每股收益增长率至少要排进行业的前 3 名才行；若是上市年限较长、股本较大的股票，它的每股收益增长率排名可以适当低一点，但仍要位于行业的前 20 名。

四、基本面核心指标 2：净资产收益率

净资产收益率又称为股东权益报酬率，是净利润与平均股东权益的百分比，是公司税后利润除以净资产得到的百分比率。该指标反映了股东权益的收益水平，用以衡量公司运用自有资本的效率。用通俗的话来解释，就是股东每 1 块钱的权益（股东投入的资本会因资本公积、利润的变动而发生变化），一年能够带来多少钱的收益。其计算公式如下：

净资产收益率 = 净利润 / 净资产

巴菲特曾经说过，如果只能选择一个指标来衡量公司经营业绩的话，那就选择净资产收益率，由此可见他对净资产收益率的重视。事实上，巴菲特所选的标的企业，大多数都是净资产收益率超过 20% 的。如果我们将这一标准活用到 A 股市场，为了选择一只能够持续增长的股票，最好将评估周期设置在 3 年或 5 年的区间，也就是说，过去 3 年到 5 年内，净资产收益率都能达到 20% 的标准（考虑到 A 股市场的特殊性，偶尔略低于 20% 也可以），基本就属于较好的股票标的了。

下面来看一下贵州茅台的财务数据，如图 2–7 所示。

贵州茅台　600519　最新动态　公司资料　股东研究　经营分析　股本结构　资本运作　盈利预测　新闻公告　概念题材　主力持仓　财务概况　分红融资　公司大事　行业对比

财务诊断　财务指标　指标变动说明　资产负债构成　财务报告　杜邦分析

每股经营现金流(元)	2019	2018	2017	2016	2015	2014 »
盈利能力指标						
销售净利率	51.47%	51.37%	49.82%	46.14%	50.38%	51.53%
销售毛利率	91.30%	91.14%	89.80%	91.23%	92.23%	92.59%
净资产收益率	33.09%	34.46%	32.95%	24.44%	26.23%	31.96%
净资产收益率-摊薄	30.30%	31.20%	29.61%	22.94%	24.25%	28.73%
运营能力指标						
营业周期(天)	1,181.88	1,257.42	1,293.1	2,039.66	2,339.21	2,064.25
存货周转率(次)	0.30	0.29	0.28	0.18	0.15	0.17
存货周转天数(天)	1,181.88	1,257.42	1,293.1	2,039.66	2,339.18	2,064.22

图 2–7　贵州茅台（600519）财务数据图

从图 2-7 中可以看出，在过去 6 年时间里，贵州茅台的净资产收益率都维持在 20% 以上的水平，这说明该公司成长情况良好，属于较佳的股票标的。

下面再来看一下该股的日 K 线走势图，如图 2-8 所示。

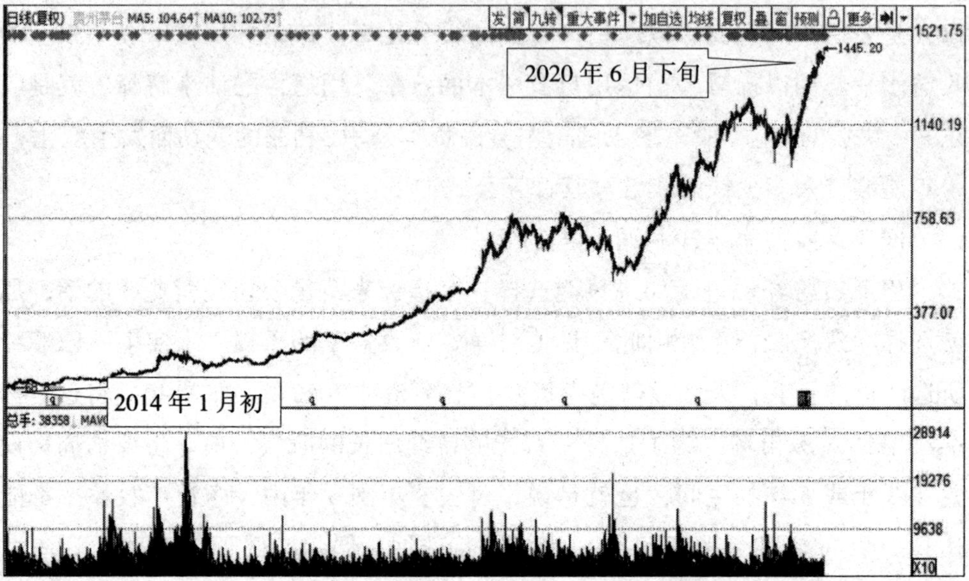

图 2-8 贵州茅台（600519）日 K 线走势图

从图 2-8 中可以看出，贵州茅台的股价自 2014 年 1 月初的五六十元（复权价）开始启动上涨，到 2020 年 6 月下旬，股价已经突破了 1400 元。股价上涨了 20 多倍。由此可见，买入净资产收益率较高的股票，往往会获得较好的投资收益。

净资产收益率可以作为投资者为股票估值的一个重要筛选指标，即从上市公司中找出净资产收益率持续增长 20% 以上的股票，作为估值的备选标的。

第二节　行业与发展潜力分析

企业未来的发展潜力，与所处的行业密不可分。当一个行业处于上升期时，行业内部诸多企业的毛利水平与营收增长率都可能处于上升水平，这类行业以及行业内的龙头企业，就是选股时最主要的参考对象和候选标的。

一、企业与行业发展前景评估

在分析企业与行业发展前景时，前面讲到的迈克尔·波特的五力竞争模型仍是一个非常有用的工具。

在分析时，投资者需要重点关注以下几个方向。

1. 企业所处的行业是朝阳产业还是夕阳产业

这是一个十分关键的问题，身处朝阳产业的企业，其发展空间和潜力都要远远大于夕阳产业的企业。从这一点来看，市场往往更愿意为科技行业、生物制药行业赋予更高的估值，也是有深层次原因的，毕竟这些行业代表了未来的发展方向。

2. 行业整体毛利水平与营收增长情况

尽管在行业内部，企业不同，毛利率水平也会有所不同，但从长远来看，各家企业的毛利率水平会与整个行业趋向于一致。同时，整个行业的毛利率水平，又能够反映出行业的整体竞争地位以及所处的发展周期。除了毛利率水平外，营收增长率也能反映出行业发展状况。

一般来说，行业处于初创期或快速发展期时，由于竞争并不充分，行业在整个经济体系中处于优势竞争地位，毛利率水平就会普遍较高，企业营收增长强劲，部分龙头企业发展速度极快；反之，当行业进入成熟期或衰退期，竞争日趋白热化，行业在整个经济体系中处于弱势竞争地位，毛利率水平就会较低，企业营收放缓，甚至会下降，即使龙头企业也很难维系原有的发展速度。

3. 行业竞争态势

行业当前和未来的竞争态势，是判断企业营收增长潜力和毛利率能否维持或提升的关键。若行业竞争进入白热化，则企业营收增加就会非常困难，且毛利率水平有走低的趋势；反之，若行业内竞争者较少，且拥有坚固的行业壁垒，其他企业很难介入，则企业的营收和毛利率水平就能够获得足够的保障。

4. 行业发展与政策影响

目前，很多行业的发展都会或多或少地受到国家政策的影响。比如，之前的太阳能等新能源行业，因获得的各项优惠或补贴较多，使得行业内的企业经营较为稳定，但是，当国家逐渐减少甚至取消补贴或优惠后，行业内的很多企业就会陷入困境。再比如证券行业，未来随着对外开放力度的加强，外资券商将会大量进入我国，对原有券商的竞争格局将会产生较大的冲击。

二、基本面核心指标 3：销售毛利率

销售毛利率是销售毛利与销售收入（或营业收入）的百分比，其中毛利是收入和与收入相对应的营业成本之间的差额。其计算公式如下：

销售毛利率 =（营业收入 – 营业成本）/ 营业收入 ×100%

销售毛利率，反映了一件产品在企业内部运转过程中获得的增值情况。通常情况下，一个企业的销售毛利率越高，说明企业的生产环节对产品的增值越多。从某种意义上来说，设计创新的环节较多、与同业竞争对手存在明显差异化的公司，销售毛利率往往会较高。比如，苹果公司的产品相比竞争对手而言，往往具有更高的毛利率。

在炒股软件中，一般会给出各家上市公司最近几年的销售毛利率数据。如图 2–9 所示，为贵州茅台的毛利率数据。

盈利能力指标	2019	2018	2017		2015	2014
销售净利率	51.47%	51.37%	49.82%	46.14%	50.38%	51.53%
销售毛利率	91.30%	91.14%	89.80%	91.23%	92.23%	92.59%
净资产收益率	33.09%	34.46%	32.95%	24.44%	26.23%	31.96%
净资产收益率-摊薄	30.30%	31.20%	29.61%	22.94%	24.25%	28.73%

图 2-9 贵州茅台（600519）的毛利率数据

从图 2-9 中可以看出，贵州茅台的毛利率是非常可观的。作为一家酒类生产企业，其毛利率甚至高于软件企业（这类企业的管理费用通常是比较高的），可见生产酒类的企业，特别是拥有绝对品牌优势的酒类企业的获利能力之强。

影响企业毛利率的因素，一般包括这样几个方面。

第一，内部成本支出情况。企业内部的研发成本、原材料成本等直接决定了企业营业成本的数额。研发成本越高，未来给企业带来的收益可能越高；而原材料成本高企，可能会伤害企业的毛利率乃至净利率水平。研发成本占营业收入的比重，也被看成企业未来成长性的重要指标。不过，上市公司的财报中大多不会披露研发成本数额，投资者需要这一指标的数值恐怕要另找途径了。

第二，品牌优势。品牌会对产品的售价有一定的加成。加成的比例就看企业的品牌影响力了。贵州茅台、苹果等超级品牌对售价的加成力度是相当大的，而一般性的品牌则没有这种加成效果。

第三，外部竞争情况。企业面临的竞争环境，外部竞争对手采取的价格策略，可能会直接影响企业产品的售价，进而对营业收入产生直接的影响，也会拉低企业的毛利率。

三、基本面核心指标 4：营业收入增长率

收入的增加可以为企业带来持续的利润。一家公司的规模可以小一点，营业收入也可以相对少一些，但营业收入增长率却是不能太低的。在这个充满竞争的世界，小公司只有通过快速发展才能在竞争中取胜。也正是基于这一点，大多数投资者和分析师都非常重视企业的营业收入增长率。

营业收入增长率是指企业本年度营业收入增加额与上年度营业收入总额的比率，其计算公式如下：

营业收入增长率 =（当期营业收入总额 – 上期营业收入总额）/ 上期营业收入总额 ×100%

查看企业的营业收入增长率，还要关注以下几个因素。

第一，营业收入增长率的持续性和稳定性。

查看标的企业的营业收入增长率，不能单独以某个季度或年度为准，而要对比着看。换句话说，某家公司在某一年度取得较好的营业收入增长率，并不能成为我们投资这家公司的全部理由，还要看这家公司以前年度的营业收入增长率情况。若能在持续 3 到 5 年内出现连续增长的势头，才是理想的投资标的。

在炒股软件中，一般会给出各家上市公司最近几年的营业收入增长率数据。如图 2–10 所示，为贵州茅台的营业收入增长率数据。

科目\年度	2019	2018	2017	2016	2015	2014
成长能力指标						
净利润(元)	412.06亿	352.04亿	[illegible]	67.18亿	155.03亿	153.50亿
净利润同比增长率	17.05%	30.00%	[illegible]	7.84%	1.00%	1.41%
扣非净利润(元)	414.07亿	355.85亿	[illegible]	169.55亿	156.17亿	155.21亿
扣非净利润同比增长率	16.36%	30.71%	60.57%	8.57%	0.62%	0.45%
营业总收入(元)	888.54亿	771.99亿	610.63亿	401.55亿	334.47亿	322.17亿
营业总收入同比增长率	15.10%	26.43%	52.07%	20.06%	3.82%	3.69%

图 2–10　贵州茅台（600519）的营业收入增长率数据

从图 2–10 中可以看出，尽管贵州茅台的资产规模和营业收入都比较高，但仍连续数年保持了较高的增长速度。其实，这也是贵州茅台能够维持高股价的原因所在。但是，不可否认，在 2019 年，贵州茅台的营收增速有所回落，投资者还要保持关注。

有些上市公司某一年度的营业收入增长率可能出现爆炸性增长，但随后又归于平淡，甚至出现负增长。我们在选择股票时，应该尽量避免选择这种无法实现稳定增长的企业。

第二，注重同行业之间的横向比较。

每个行业都有各自的特点。有的行业属于新兴的朝阳产业，其发展速度普遍较快；有些行业处于传统行业，其发展速度可能会相对缓慢一些。投资者在选择股票时，需要注重横向对比，了解标的企业在整个行业中处于何种位置。比如，某行业的平均营业收入增长率为 20%，而标的企业超过 30%，那么，这类企业就是比较理想的候选标的；反之，则很难将其列为备选对象。

第三节　资产与财务指标分析

资产与财务指标能够反映出股票本身的价值情况。资产较高，负债较低的企业，若企业的现金流又很充沛，那么至少可以认定这类企业属于优质资产。投资者依据基本面选股的目的是为了持有，优质资产肯定会受到更多的青睐。

一、企业资产与现金情况评估

在股票估值与选股方面，企业资产历来是重要的分析指标。同时，在诸多资产中，现金又尤其被特别看重。

评估企业资产的价值，实质上就是核算一家企业在极端恶劣的环境下（如破产），其所拥有的资产扣除负债后到底能剩多少价值。一般来说，如果企业的每股净资产仍高于每股价格（即市净率低于1），则意味着购入这类企业股票是很难亏损的。

以企业资产作为股票估值基础的思路，最早可以追溯到格雷厄姆时代。在股票投资历史上，格雷厄姆是一个非常具有代表性的人物，其代表作《证券分析》和《聪明的投资者》，被认为是证券分析领域最经典的两本著作，也是价值投资理论的奠基之作。

在格雷厄姆介入股票投资领域之前，股票一直被看成是一种投机工具，只有债券才是投资的选择。

在格雷厄姆的股票价值分析体系中，为了寻求最佳的安全边际，他总是强调在股票价格大幅低于内在价值的情况下执行买入操作。企业可能会经历最差的情况，比如破产清算，那么，即使企业遇到了这种情况，这些企业的资产价值也应该超过买入企业股票所支付的成本。同时，格雷厄姆强调的资产并非其他净资产，而是指运营资产，即企业的流动资产扣除流动负债后的资产。至于固定资产和商誉，若能具有价值，格雷厄姆只将其看成是一种“彩头”。当然，我们在衡量资产价值时，很多估值方法还是会将固定资产列入考虑之中的。

不过，以资产价值为估值基础的方法，也存在一定的弊端，具体来说，包括以下几个方面。

第一，固定资产价值的计量。格雷厄姆不喜欢将固定资产计入企业内在价值的计量，肯定是有道理的。毕竟固定资产的计量是一件非常困难的事情。对于正在运营的企业来说，固定资产的价格也许大幅高于其账面价值，而对于濒临破产的企业而言，价格高昂的固定资产也只是一堆废铁。

第二，无形资产的计量。与固定资产对应的无形资产，也是一种难以计量的资产。目前，很多企业的资产负债表中其实并未体现任何品牌价值。对于拥有超级品牌的企业来说，资产中就存在大量被低估的品牌价值。很多基金或机构投资者，也都会偏爱超级品牌企业。

第三，资产价值的变动与调整。很多看似价值不容易发生变化的资产，当外围环境发生改变时，也可能会出现大幅变化，这就为估值的准确性提出了不小的挑战。

正是因为对固定资产的评估存在一定的弊端，很多投资研究者在评估企业财务与资产质量时，往往更加侧重于对企业现金资产、自由现金流以及未来自由资金流的情况进行评估。一家企业若能拥有强劲的现金流，未来发展肯定是有保障的，也正因如此，在 A 股市场上，贵州茅台、恒瑞医药等现金充沛、现金流入情况较佳的企业总是更容易获得投资者的追捧。

二、基本面核心指标 5：经营现金流

现金流是企业的血液。在三股现金流中，又以经营现金流最为重要。经营现金流的净额是直接反映企业血液增减的一个指标。现金净额持续流出，就如同一个人连续失血，最终会威胁到健康。

由于企业营业收入与支出的变动、应收账款的提前或延期，都可能对现金流量表中的经营现金流量净额产生一定的影响。因此，在分析企业现金流情况时，要重点关注现金流的稳定与可持续性，而非单纯的增加或减少。

下面来看一下贵州茅台历年的经营现金流量净额情况，如图 2-11 所示。

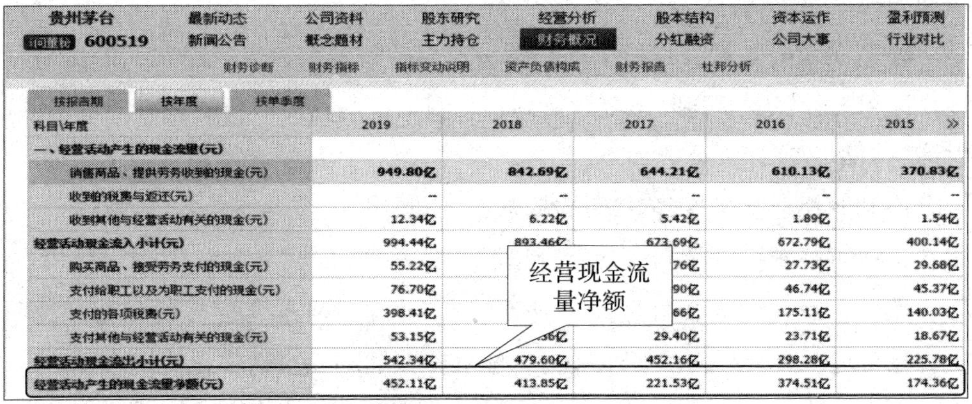

科目\年度	2019	2018	2017	2016	2015
一、经营活动产生的现金流量(元)					
销售商品、提供劳务收到的现金(元)	949.80亿	842.69亿	644.21亿	610.13亿	370.83亿
收到的税费与返还(元)	--	--	--	--	--
收到其他与经营活动有关的现金(元)	12.34亿	6.22亿	5.42亿	1.89亿	1.54亿
经营活动现金流入小计(元)	994.44亿	893.46亿	673.69亿	672.79亿	400.14亿
购买商品、接受劳务支付的现金(元)	55.22亿	[illegible]	[illegible]	27.73亿	29.68亿
支付给职工以及为职工支付的现金(元)	76.70亿	[illegible]	[illegible]	46.74亿	45.37亿
支付的各项税费(元)	398.41亿	[illegible]	[illegible]	175.11亿	140.03亿
支付其他与经营活动有关的现金(元)	53.15亿	[illegible]	29.40亿	23.71亿	18.67亿
经营活动现金流出小计(元)	542.34亿	479.60亿	452.16亿	298.28亿	225.78亿
经营活动产生的现金流量净额(元)	452.11亿	413.85亿	221.53亿	374.51亿	174.36亿

图 2-11　贵州茅台（600519）现金流量表

从图 2-11 中可以看出，贵州茅台的经营现金流量净额呈振荡式上升态势，2016 年和 2018 年大幅上升后，在 2017 年出现了回调。正常情况下，

随着企业经营收入的增加，经营现金流势必会随之出现增加，当然，增加的幅度并不会与经营收入增加的比例一致（其中，应收账款的回款时间可能会对其产生一定的影响）。换句话说，一家处于高速成长期的企业，其经营现金流量净额应该保持一定的稳定增长态势，这样才能保证企业日益增加的资金需求（企业规模扩张、人力成本增加、利息股息增加等）。

企业经营现金流量情况，要尽量站在一个较长的周期来看。有时候，企业在某些时间采用削减开支的方法，可能会促使短期现金流量大幅增加，但会伤害企业的长远发展。例如，企业通过削减业务开支的方法，以换取当期现金流量净额强劲增加，却可能导致下期经营现金流入量大幅减少。

三、基本面核心指标 6：净利润现金含量

由于资产负债表是以权责发生制为基础编制的，而现金流量表则是以收付实现制为基础编制的，因此，二者之间不可避免地会有一些差异。有些企业还会出现净利润很高，而经营现金流为负值的情况。前面已经介绍过，当企业的经营现金流持续为负值时，企业很可能会陷入经营困难的境地。为了能够看清企业的净利润中包含了多少因经营活动产生的现金，投资者可借助净利润现金含量指标。

净利润现金含量，是指生产经营中产生的现金净流量与净利润的比值。该指标越大越好，净利润现金含量高，表明销售回款能力较强，成本费用低，财务压力小。其计算公式如下：

净利润现金含量 = 经营现金净流量 / 净利润

下面再来看一下净利润现金含量的交易含义。

第一，净利润现金含量大于或等于 1。这是一种非常完美的状态，说明企业在市场上具有较强的竞争能力，能够将账面利润全部转化为现金。

第二，净利润现金含量小于 1。这种情况说明企业的经营现金净流量低于净利润。若此状态持续一段时间，则反映企业有很多应收账款可能无法收回，企业真实的利润水平要远远低于账面数值。

第三，净利润现金含量为正数，但净利润和经营现金净流量全部为负数。

说明企业的经营遇到了较大的困难，若这种情况不尽快改观，企业未来可能会难以经营下去。

第四，净利润现金含量为负数，且经营现金净流量为负数。说明企业的经营状况不佳，在某些方面的支出可能失去了控制。例如，很多以广告投放拉动销售业绩增长的公司，可能在某一年度投放了大量广告，使得企业的经营支出增加，但同期的营业收入却并未获得与之相符的现金流入量（如企业将存货投放至渠道中，并未取得回款）。出现这种情况，意味着企业存在资金链断裂的风险，投资者必须谨慎对待。

四、基本面核心指标 7：资产负债率

公司规模的大小，并不能作为投资者选股的依据，有时候规模较小的公司，其成长空间反而会更大。投资者在了解企业的实力时，更应注重其内在的实力水平，也就是资产的质量。资产负债率指标提供的数据在很大程度上能够给投资者以参考。

资产负债率又称举债经营比率，是用以衡量企业利用债权人提供的资金进行经营活动的能力，以及反映债权人发放贷款的安全程度的指标，通过将企业的负债总额与资产总额相比较得出，反映在企业全部资产中属于负债的比率。同时，资产负债率过高，也可能导致企业每年支付的利息增加。特别是一些资产规模较大的企业，若负债率较高，其盈利能力稍有不足，就可能出现每年盈利不抵开支的情况。

资产负债率的计算非常简单，其公式如下：

资产负债率 = 负债总额 / 资产总额 ×100%

一家公司的负债占资产总额的比率越高，说明企业面临的偿债压力越大，需要支付的利息就会越多。不过，也不能简单地认为资产负债率低的企业，营运情况就一定要好于资产负债率高的企业。毕竟通过借债一方面可以扩大外部资源的利用率，另一方面还能保住企业股东的股权和控制权。换句话说，举债经营是现代企业经营活动中必不可少的一环。

投资者在分析企业的资产负债情况时，不能简单地比较各个企业的资产

负债率，而是要综合考虑以下几种因素。

1. 资产与负债的构成

并不是所有的资产都是企业能够用来赚钱的资源，也不是所有的负债都是有利息的。

（1）真实的“资产”。

按照资产的定义，企业的总资产就是企业能够用来赚钱的资源。不过，在企业的资源中，各项资产的价值往往会与账面价值存在一定的出入。

第一，生产制造类企业的存货和固定资产（主要是设备资产）。存货属于流动资产，是企业变现能力较强的一类资产，不过，若库存高企，且产品出现滞销，那么，这部分资产很可能会出现大量减损，这时账面资产就会高于实际资产。设备资产有时可能会出现折旧过快的情况，即设备折旧已经完成，而其仍能正常应用于生产经营。这些设备的价值就无法在财务报表中体现，这时企业的实际资产就要高于账面资产。

在房地产开发企业中，同样存在这样的问题。在房地产企业中，土地使用权是一项重要的资产。土地使用权的价格经常会出现变动（多数会上涨，这也是房地产企业常常囤地的原因），而在房地产企业的报表中，却很难做出及时的变动。也就是说，一家拥有大量土地储备的房地产企业，其实际价值常常要高于它的账面价值。同理，持有大量房产的其他类型企业，也可能存在资产溢价的情况。例如，2016 年，联想集团通过卖掉自持的一处北京房产（售价 1.2 亿美元），并将其计入营业利润，直接促使当季净利润大增。

第二，一些品牌价值较高的企业的无形资产，也是投资者需要重点关注的项目。由于无形资产计价非常困难，所以很多企业并未将品牌价值计入无形资产，而这种品牌价值很可能会为企业的资产增色很多。

第三，资产中现金的占比也是一个重要的参考指标。现金占比越高，资产的成色也越高；反之，若现金较少，则企业后续发展以及偿债能力可能会存在一些问题。

（2）有利息的负债。

资产负债率中的负债，也是需要仔细甄别的一个项目。通常情况下，企业的负债都是有利息的，也就是说，举债越多，利息支出越多。不过，有些项目是个例外，如预收账款。当一些企业的产品出现供不应求的情况时，客户为了能够获得产品，可能会采取预付货款的形式来订货。这些预付货款在资产负债表中构成了负债，不过，这部分负债不仅不会为企业增加利息支出，反而因其提前进入银行账户，还可能为企业带来一定的利息收入。

2. 资产负债率比较分析

经过前面的分析可知，投资者在判断一个企业的资产负债情况时，最好能够先对属于资产和负债的项目进行核查，然后再大致形成一个资产负债数据。当然，大多数普通投资者是没有能力获得非常精确的数据的，只要有一个大致的数据即可，毕竟资产负债率高低也没有绝对的标准。

在进行资产负债率分析时，还要注意这样几点。

第一，远离资产负债率超过 100% 的上市公司。资产负债率超过 100%，说明企业负债总额已经超过了资产总额，即所有者权益为负数（负债 + 所有者权益 = 资产总额）。正常情况下，你花 10 块钱买入一股某股票，对应的所有者权益可能为 1 块钱或 5 角钱；而你花 10 块钱买入一股资产负债率超过 100% 的股票，对应的所有者权益可能为 –1 块钱。这种公司本身就已经不具有任何投资价值了。

第二，行业不同，资产负债率的衡量标准也有所不同。一般行业资产负债率在 40% ～ 60% 的区间内，属于比较理想的水平。资产负债率太高，利息支出增加，容易给企业发展带来不利的影响；资产负债率过低，说明企业没有有效地利用外部资源或利用外部资源的能力不足，没有实现效益最大化。当然，这个衡量指标也没有绝对的标准。

在房地产行业，往往存在负债高企的现象，有的公司资产负债率能够达到 80% 以上。通常来说，这种负债率是很高的。不过，由于房地产公司的土地和房产价格存在相当大的增值空间，这样的负债率也是可以接受的。当然，还要考虑企业的货币现金情况，若是货币现金较少，而短期借款和一年内到期的长期借款较多，则有资金链断裂的风险。

为了判断企业的资产负债率情况，投资者可以尝试将标的企业的资产负债率数值与行业内的平均水平和行业内的龙头企业进行对比。标的企业的资产负债率若能维持在行业平均水平即可，无须过高或过低。

资产负债率可以作为投资者基本面选股的一个剔除性指标，即从自己的备选标的中剔除那些资产负债率特别高的股票。

| 第三章 |

巴菲特：四维选股方略

巴菲特在60多年的投资生涯中，仅在2001年和2008年出现了亏损，其他年份均有盈利，平均年化收益率超过了20%。

巴菲特在挑选股票方面有其独到之处，长期以来，他都坚持在自己能够看得懂业务模式的企业以及熟悉的领域中选择标的公司。从历年披露的巴菲特写给股东的信中，可以大致梳理出其选股的维度和方法。一般来说，巴菲特选股往往有以下四个维度，如图 3-1 所示。

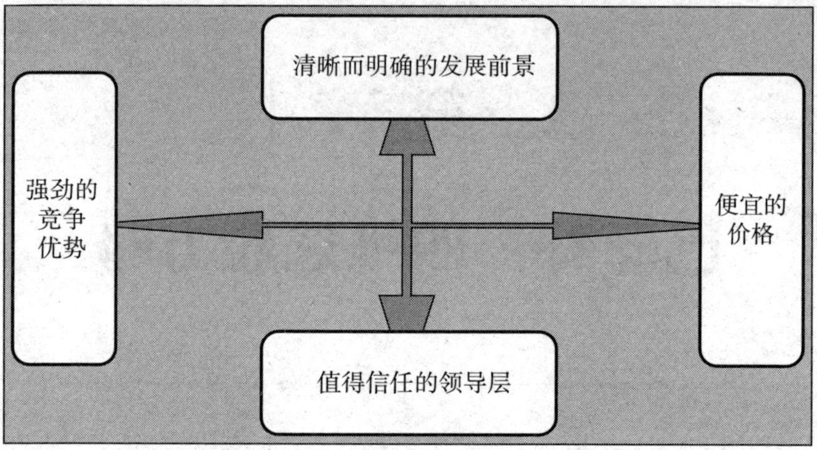

图 3-1　巴菲特选股的四个维度

第一节　强劲的竞争优势

关于企业的核心竞争优势，巴菲特曾经有过这样的论述。

企业要想取得持久的成功，至关重要的是要拥有令竞争对手望而生畏的竞争壁垒，要么像政府雇员保险公司（GEICO）和开市客（Costco）超市那样保持低成本，要么像可口可乐、吉列和美国运通一样建立全球性品牌。这种令人望而生畏的高门槛对于企业获得持续成功至关重要。

对于品牌优势，巴菲特还有过更为细致的解读，在他来看，以下三种优势，都可以转化为品牌优势：其一，强大的品牌，其二，专利权（技术或其他原因形成的某种垄断性优势），其三，政府给予的特许经营权。

一、强大的品牌优势

品牌优势，是企业诸多优势中最重要的一种。当消费者购买商品时，拥有强势品牌的商品理所当然地会成为首选。例如，当你想要购买高档白酒时，自然会想到茅台、五粮液等品牌；购买家用电器时，自然会想到海尔、格力等品牌。一家企业若能在某一细分领域建立强大的品牌优势，将会收获丰厚的超额利润。

1. 品牌优势的类别

拥有品牌优势的企业包括这样几类。

第一，通过历史传承获得的老品牌。这类品牌的价值是难以估量的，因为它们都是经过历史检验的。这些品牌给企业带来的收益也是无法估算的，例如一些中华老字号品牌同仁堂、云南白药、贵州茅台等。

第二，通过自身努力逐渐建立起来的品牌。这类品牌是随着企业生产产品以及服务质量的提升，逐渐在消费者心目中建立起来的，当然，广告宣传也起到了相当大的作用。例如，家电领域内的海尔、格力、美的；白酒领域内的贵州茅台、五粮液、泸州老窖等。这种品牌优势一旦建立，将会很容易从众多竞争品牌中脱颖而出，成为消费者购物的首选。

2. 品牌优势分析要点

品牌优势通常情况下都能够给企业带来相当大的利润，不过，投资者在利用品牌优势选择标的股时，还要注意这样几点。

第一，品牌强势程度。只有品牌强势程度高，才能赢得更多的超额收益。其实，几乎所有的企业都有自己的品牌，而且有些企业的品牌确实存在较高的知名度和美誉度，但这与具有品牌强势优势的企业还是存在明显差别的。这些具有品牌强势优势的企业，是可以仅凭品牌就能赚钱的，也就是说，消费者一见到该品牌就会无条件地接受。

第二，品牌的维护情况。具有品牌优势的企业就如同一个具有良好信誉的个人，个人的行为举止都可能为自己的信誉加分或减分。企业也一样，若企业对自己的品牌保护不力，甚至为了短期利益对品牌不加限制地滥用，或授权给其他组织使用，都可能削弱品牌的价值。也就是说，投资者在选择企业时，不仅要看一个企业是不是具有品牌优势，还要看其品牌维护和保护情况。

第三，内部成本控制水平。与具有其他优势的企业相同，具有品牌优势的企业也需要注意企业的内部成本控制。若企业内部成本控制做得不到位，仍有可能出现手握品牌优势却连年效益不佳的情况。

下面来看一下贵州茅台的案例。

贵州茅台酒股份有限公司是一家主要经营贵州茅台酒系列产品的公司。该公司的贵州茅台酒系列产品，在市场上享有很高的声誉。其生产的茅台酒被称为世界三大名酒之一，拥有很高的品牌知名度和美誉度。该企业的产品属于稀缺型消费品，对下游经销商具有很强的议价能力，而且经常出现供不应求的情况。基于强大的品牌优势，该公司的经营效益极佳，净资产收益率连年走高，销售毛利率能够达到 90%。可以预见，在未来，该股仍具有较好的成长性。

再来看一下该股的日 K 线走势图，如图 3–2 所示。

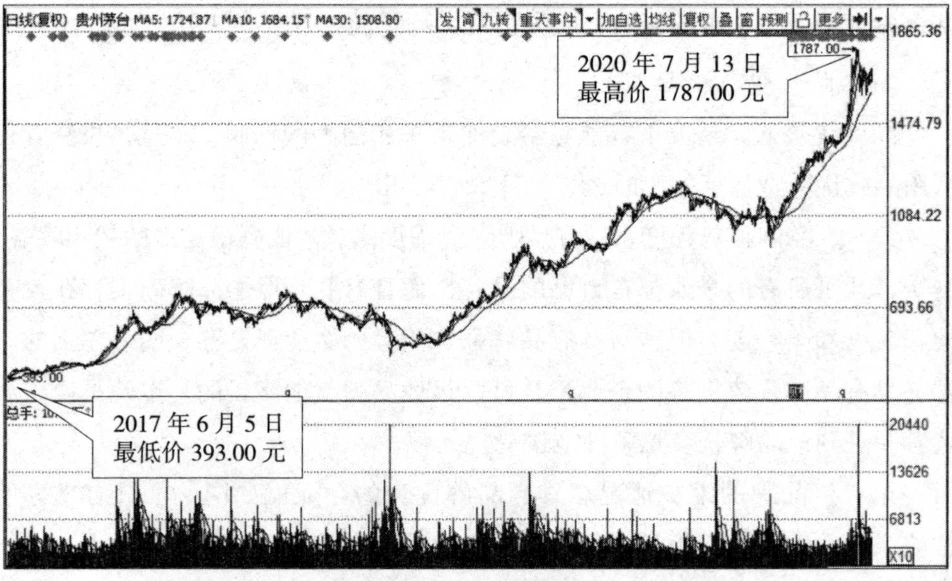

图 3–2　贵州茅台（600519）日 K 线走势图

从图3-2中可以看出，贵州茅台的股价自2017年6月初的393元（复权价）启动上涨，到2020年7月13日达到了1787元（复权价）的高位，股价翻了4倍多。由此可见，在市场上，拥有较高品牌价值的股票是非常容易受到资金青睐的。

二、垄断性优势

垄断性优势，有些时候会与高技术壁垒、专利权等相伴而生，是一种绝对的竞争优势。若市场上只有一家企业能够提供给消费者所需的商品，那么，这家企业就拥有了绝对的垄断性优势。

1. 垄断性优势的特征

垄断性优势具有如下几个特征。

第一，作为市场上某种商品的唯一供应商，消费者没有更多的选择。

第二，消费者愿意为其商品提供相应的价格。

第三，市场上没有其他较好的替代品。

具有垄断性优势的企业往往具有以上三个特征。这种垄断性优势也体现在企业的财务报表上，即企业财务利润持续、稳定地上升。当然，这类企业往往也会成为市场上各路资金的宠儿。

2. 垄断性优势分析要点

垄断性优势通常情况下都能给企业带来相当大的利润，不过，并不是每个拥有垄断性优势的企业的股价都会不断走高。投资者还需要关注以下几点。

第一，业务多元化程度。上市公司业务多元化已经是非常普遍的现象了，而垄断性企业在涉足其他领域时，往往会显得力有不逮。很多垄断性企业在涉足其他业务时，不仅不会扩大自己的战果，还可能让这部分新增业务蚕食垄断业务的利润。投资者在分析具有垄断性优势的企业时，要重点考虑其垄断性业务在企业整个营收体系中所占的比重。

第二，垄断性优势的可持续性。垄断性优势持续的时间越长，企业收益越多。从历史经验来看，一家企业拥有的垄断性优势都会有一个时间限制，如某项技术被其他企业超越或者出现了替代品，将会直接打破垄断局面。某些生物医药产品企业拥有的专利权，一般都会有一定的专利保护期，专利保护期一过，就会有其他企业介入该领域。

第三，内部成本控制水平。垄断性优势可以为企业带来丰厚的回报，但企业利润的形成除了收入项目外，还有成本与支出项目。若企业内部成本控制做得不到位，仍有可能出现手握垄断优势却连年效益不佳的情况。

下面来看一下长春高新的案例。

长春高新技术产业（集团）股份有限公司是一家以生物医药、健康产业为主，房地产开发为辅的公司。该公司旗下的子公司金赛药业研发的重组人生长激素系列产品，占据了很大的市场份额，特别是水针剂和长效生长激素，直接垄断了市场。生长激素产品的垄断性优势为该企业带来了巨大的利润。

从长春高新的财务报表中可以看出，该公司近几年的净资产收益率和营业收入增长率都维持在 20% 左右的水平，这说明该股的成长性良好。

再来看一下该股的日 K 线走势图，如图 3–3 所示。

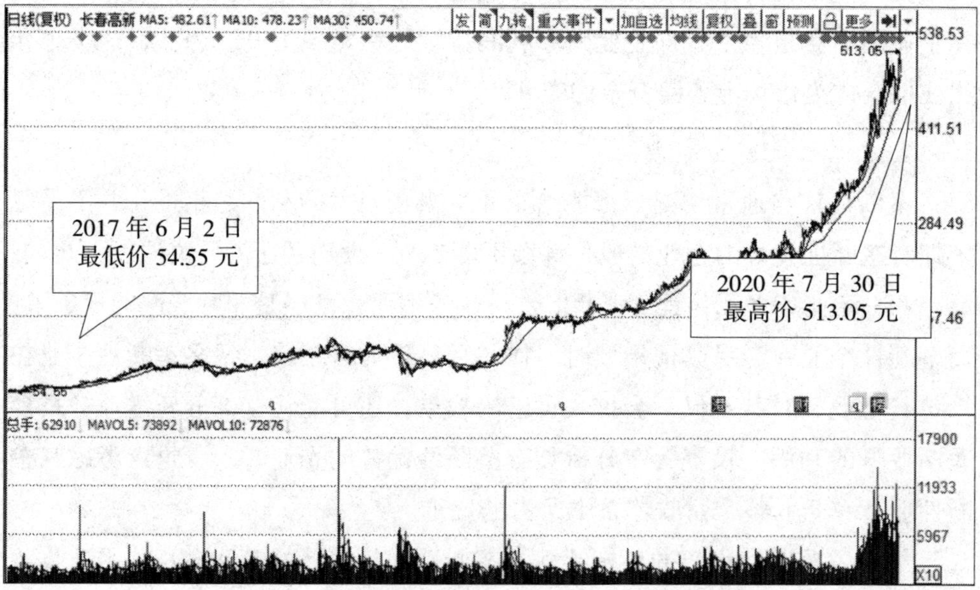

图 3–3　长春高新（000661）日 K 线走势图

如图 3-3 所示，长春高新的股价在其上市后一直呈振荡上涨状态。该股股价每次创下一个新高一段时间后都会有回调动作，其后再度创出新高，如此往复。该股股价从 2017 年 6 月 2 日的 54.55 元（复权价），经过 3 年多的时间上涨至 2020 年 7 月 30 日的 513.05 元（复权价），股价翻了将近 10 倍。由此可见，对于投资者来说，选择一只具有垄断性优势的股票，往往会有较为丰厚的回报。

三、拥有特许经营权

关于特许经营权，巴菲特在 1991 年致股东的信中给出了定义："拥有市场特许经营权的产品和服务具有以下特质：（1）它被人们需要或渴求；（2）被消费者认为找不到其他替代品；（3）不受价格管控的约束。企业是否存在以上三个特质，可以从企业能否定期且自由地对产品与服务定价，从而可以赚取较高的资本回报上看出来。此外，特许事业能够容忍不当的管理。低能的经理人尽管会降低特许事业的获利能力，但不会对其造成致命伤害。"

在 A 股市场上，拥有国家级绝密配方的云南白药、片仔癀，无疑都属于拥有特许经营权的典型企业。

特许经营权通常情况下都能够给企业带来相当大的利润，不过，并不是每个拥有特许经营权的企业的股价都会不断走高，投资者还需要关注以下几点。

第一，特许经营权的可持续期。有些特许经营权可能会一直存在，而有些特许经营权会有一定的期限。就如同专利保护期一样，一旦企业持有的特许经营权到期，企业的高回报就无法持续。

第二，特许经营权的价值大小。有些企业的特许经营权所获的收益相对较少，而企业的支出可能很大，这种特许经营权对投资者而言就要大打折扣。例如，很多经营高速公路的上市公司，理论上拥有较佳的特许经营权，但这种特许经营权所获的收益不得不支付大量的人工成本（收费员工资）、公路贷款以及公路维护费用等。这就为特许经营权的价值打了一个折扣。

第三，内部成本控制水平。特许经营权可以为企业带来丰厚的回报，但企业利润的形成除了收入项目外，还有成本与支出项目。若企业内部成本控制做得不到位，仍有可能出现手握特许经营权却连年效益不佳的情况。

下面来看一下中国中免的股价走势情况。

中国中免，原称中国国旅，其最值钱的资产就是手中握有免税店全国经营牌照（真正的特许经营权），这就使得全国所有机场的免税店都由中国中免经营。在中国中免的营收构成中，免税店销售收入就是其最核心、最重要的收入，也是最大的利润来源。同时，由于国家正在大力鼓励消费和旅游，而国内免税店的数量和营业额与国外相比仍有很大的差距，未来，中国免税店还将有一段较长时间的发展期，而中国中免将会成为最大的受益者。

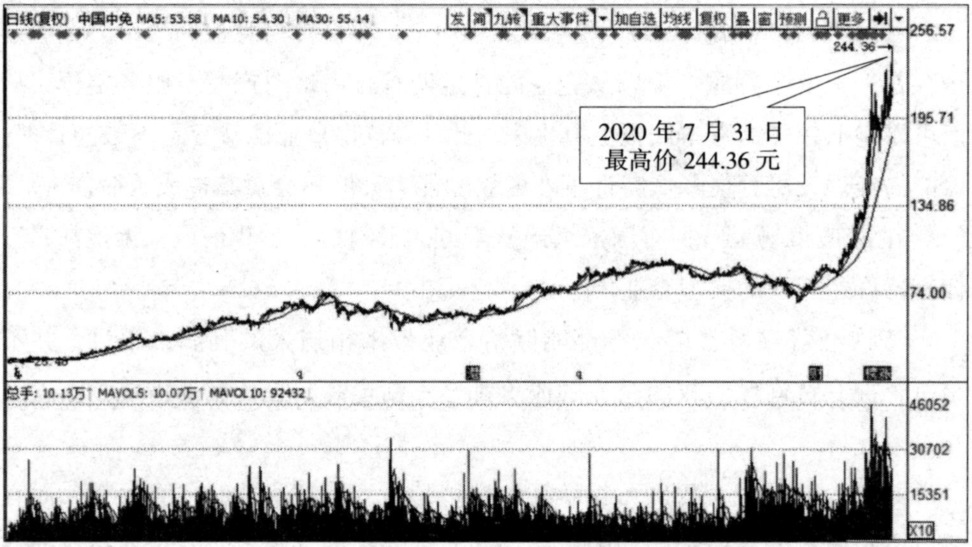

图 3-4 中国中免（601888）日 K 线走势图

如图 3-4 所示，中国中免的股价在 2020 年年初随着免税概念的热炒而出现了大幅上扬走势。不过，从整体走势来看，中国中免的股价近年来一直呈现出振荡上扬的态势。由此可见，特许经营权对该股的收益和走势影响都比较大。

第二节　清晰而明确的发展前景

企业有良好的发展前景，是巴菲特买入股票的前提条件。如果你不想持有一只股票10年，你就不要拥有它一分钟。关于对所选股票前景的理解，巴菲特曾这样描述："归结到底，我们买入一只股票，并不是因为它在下个月或者下个季度会上涨，而是因为我们知道10年后它会经营得非常好。"

长期以来，巴菲特都坚持买入自己能够清楚地理解企业经营模式、获利方式的股票，因为这些股票的发展前景自己更容易把握。反之，一些科技股，由于巴菲特自觉并不是很熟悉，因而并不愿意投资。当然，这也导致巴菲特的投资公司错过了科技股投资的盛宴，但这并不妨碍巴菲特整体投资的成功。其实，这与投资领域的"宁可错过，不可做错"有异曲同工之妙。

"什么样的行业是具有发展潜力的行业，如何找寻具有发展潜力的行业"，是股票投资者首先要面对的两个基本问题。

认清我们所面对的现实，才能知道什么样的行业是最有潜力的，是拥有巨大发展空间的。

潜力，是一种潜在的能力，是当前并未完全表现出来，预计在未来环境发生变化或出现某些条件后能够兑现的能力。也就是说，我们要寻找的潜力行业，很可能是现在不被认可或者并未在业绩指标、财务指标上有更加突出表现的行业。之前，人们喜欢用朝阳产业和夕阳产业来对市场上各类企业所处的行业进行分类，现实的情况中，很多所谓的夕阳产业经过技术升级或服务升级，也有可能开发出新的潜力和利润增长点，进而转化成朝阳产业。因此，在分析这些产业或行业时，还是应该立足于我们面对的现实，用一种动态的思维去看待这些产业和行业。

我们在当下和未来不得不面对的现实，包括但不限于以下几个方面。

一、人口众多，消费与能源需求旺盛

这是我们面对的所有问题的根本出发点。当然，人口众多带来的不仅仅是挑战和困难，也有机会和发展契机。

第一，能源与资源方面。

由于人口众多，地球上能够使用的资源又十分有限，这就使得新能源的开发与利用将会成为未来相当长时间的发展主线。清洁能源、核能、新兴能源的开发与利用，都可能产生一批业绩较佳的企业。

一些新能源行业的企业常常会受到更多的关注，因为它们代表了未来的发展方向。当然，眼下国内只有数家规模尚可的新能源企业，在该领域内还没有超级品牌或巨无霸企业出现，但是并不排除未来会有类似的企业出现。

第二，消费方面。

人多，消费品需求就永远不会过时。也就是说，无论现在还是未来，快速消费品行业都会处于成长期。当然，这并不意味着所有快速消费品企业的业绩都会有较快的增长，毕竟消费者的口味也是不断进步的。只有能够紧跟消费者口味变化的企业，才能在未来的竞争中取胜。

从目前来看，大消费品行业是白马股比较集中的一个领域，比如格力、美的、海天、贵州茅台、五粮液等，都属于消费品行业。未来，消费品领域还可能会产生更多的白马企业和高速成长型企业。

下面来看一下海天味业的日 K 线走势情况。

如图 3–5 所示，作为消费品行业中调味品细分领域内的超级品牌，海天味业自 2014 年年初登陆 A 股市场之后，股价一路呈现振荡上升的态势。到 2020 年 8 月 7 日，该股股价上涨至 154 元的阶段高位。

海天味业的股价运行趋势，说明市场上的投资者普遍看好其未来的发展趋势，这也与我国国情比较吻合，毕竟谁家也离不开调味品。

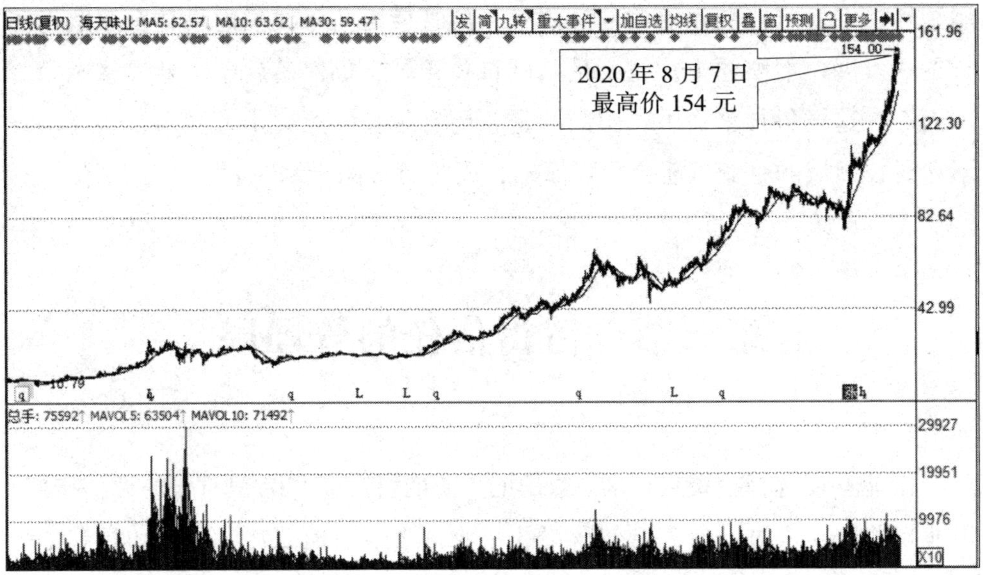

图 3–5 海天味业（603288）日 K 线走势图

二、经济发展，消费升级

随着经济的不断发展，人们的生活水平不断提高，消费结构、质量和层次也在不断提升。在未来相当长的一段时间内，消费结构升级将会催生相当多的成长型企业。21 世纪初的消费结构升级主要涉及医疗健康产业、教育产业、娱乐文化产业、交通、住宅与旅游等产业。同时，个人差异化需求也将催生很多与众不同的、和我们通常所理解的企业业务不同的新兴企业。

三、人工智能，科技革命

在人类发展历史上，已经进行了多次科技革命，未来还会有若干次科技革命，且每次科技革命间隔的时间将会越来越短。以人工智能、生物工程、电子信息技术为代表的新的科技革命，将会给人类带来多大的影响，目前还是一个未知数。不过有一点可以肯定，那就是很多革命性进步可能会催生出若干家成长型企业，如生物工程技术、人工智能技术、移动支付技术、量子信息技术等。

比如，近些年来的中美贸易战，实质上就是一场科技战，谁占领了科技制高点，谁就可能获得更多的话语权。尽管最近几年，国内科技企业取得了长足的发展，但整体上，特别是基础科技领域，仍然落后于国外发达国家，因而，在这场科技革命中，国内的企业还有很长的路要走。同时，一些围绕新兴科技领域的企业可能会脱颖而出，成为时代的弄潮儿。

第三节　值得信任的管理层

巴菲特在选择投资目标时，总是把企业的管理者作为很重要的评估指标。巴菲特曾这样说过：伯克希尔购买的企业，必须由他欣赏、信任和具有竞争力的管理层来管理。

在很多时候，促成巴菲特最终决定投资的，往往是出于对目标企业管理层的信任与认可。在巴菲特看来，优秀的管理人员本身就是一种稀缺品。当其看重某家企业的管理者时，也可能会直接采取收购行为将其揽入自己的体系之下。

一、诚信与正直

诚信与正直，是考察管理团队的第一个也是最重要的指标。所有者（股东）将钱交给管理者打理，就如同一个主人雇用了一个仆人给自己打工，若这个仆人总是想方设法从主人那里偷钱，然后再给主人一本假账来糊弄主人，结果可想而知。

管理层是否诚信、正直，会在企业的经营过程中体现出来，其包括但不限于以下几个方面。

第一，财务数据有无水分。

很多上市公司的管理层都有一定的业绩指标。为了能让自己当期或下期的业绩指标顺利完成，有些企业的管理层就会在财务数据上做文章，包括虚列营业收入（增加利润以及收入），延期计入当期收入（为了下期财务数据更好看），为了兑现激励计划直接做假财务数据等。其实，这都属于管理层缺乏诚信的表现，也是其对自己的经营能力没有信心的一种表现。

第二，有无刻意制造利好或利空消息，并从中牟利。

股市中总是真真假假的利空利好消息满天飞。大部分捕风捉影的利空或利好消息来自于一些主力机构，他们需要这些消息扰乱散户的判断，借以牟利。当然，这是再自然不过的事，股市就如同战场，而兵者诡道也。若是企业管理层为了减持股份而刻意制造利好消息，我们就要怀疑其诚信度了。其实，这在A股市场是频频出现的情况。有些企业高管总是在企业利好消息发布后进行减持操作，或者故意延缓发布利空消息，以便为自己或利益相关方减持赢得时间。

第三，股权激励能否真的与业绩挂钩。

股权激励，是上市公司经常使用的一种激励高层管理团队的方式。股权激励主要是通过附加条件给予员工部分股东权益，使其具有主人翁意识，与企业形成利益共同体，促进企业与员工共同成长，从而帮助企业实现稳定发展的长期目标。

在股权激励方案中，通常会设置高层管理者获得激励股权的条件，一般包括这样几项：其一，只有某一期间内利润指标达到或超过某一标准时，才能获得这些股份；其二，高层获得的股份一般都会有禁止交易的时间限制，即多少个月或年内不得上市交易。

通常情况下，上市公司通过对高层管理团队实施股权激励，能够最大限度地发挥高层管理团队的积极性，这对投资者来说是十分有利的。尽管股权激励需要动用上市公司的资金，可能会让投资者的收益有所减少，但通过激励高管更好地工作，往往可以获得更高的回报。不过，因为股权激励往往都是附有相关条件的，这就使得一些不讲诚信的高管可能会在激励标准上做文章，特别是一些由控股股东担任高层管理者的公司，更容易出现这种情况。他们会设置一个很低的业绩指标（作为管理者，他们知道这个指标是肯定能够完成的），然后轻松达到指标后拿到大把的激励股份。

第四，企业分红是否大部分被管理层蚕食。

分红是股份公司在每年盈利中按股票份额的一定比例支付给投资者的红利，是上市公司对股东的投资回报。在A股市场上，股东兼任管理层的现象很多，其中有一些股东还是握有绝大多数股份的大股东。这时候，当企业实施大比例分红时，管理层所获得的红利数字往往会非常可观。特别是一些刚刚发行股票的上市企业，刚刚获得融资后，立即执行大比例分红，这就要分析一下管理层分红背后的动机了。毕竟，这些钱并不是企业自己挣来的，而是通过融资从其他股东手中拿到的。这时候进行大比例的现金分红，获利的就只能是持有原始股的大股东了。

当然，并不是说分红不好，但凡事有度。巴菲特有一个著名的“1美元原则”，即留存的1美元利润能否创造出至少1美元的市场价值，如果可以，就应该留存，否则的话就应该给股东分红。当一家企业实施大比例分红时，其实也就是在告诉大家，企业是没有办法给股东创造更多的价值的。

第五，关联企业管理层亲戚任职情况。

上市公司肯定会有一些关联企业，这本是无可厚非的。但是，如果管理层的一些亲属在其中任职，就需要重点关注了。这些关联企业可能会借助与管理层成员的亲属关系，从上市公司获得额外的灰色利益。

以上五点，都是投资者在考察被投资标的时需要关注的内容。若企业出现上述五点中的一点，投资者就应该回避该企业。

二、领导核心的性格及特点

兵熊熊一个，将熊熊一窝。管理团队，特别是核心领导者的性格与特征，会深刻地影响企业的经营管理活动。A股市场上，核心领导者的类型包括但不限于以下几类。

第一，雷厉风行型。

这类领导者在遇到发展机遇时，总能迅速出击，从不拖拖拉拉。他们对企业内部的管控和对部下的要求都非常高。整个企业的行事风格会逐渐与领导者一致，善于捕捉机会，喜欢创新和挑战是其主要特征。企业在这种类型的领导者带领之下，可能会取得较高的效益、较快的发展，但相对而言，也更容易犯错误，毕竟创新和挑战都是需要付出代价的。

第二，稳扎稳打型。

这类领导者属于老成稳重型的领导风格。当机会出现时，他们会仔细评估机会，一旦认准了目标，就会坚持下去。这类企业的发展速度可能在前期赶不上雷厉风行领导者领导的企业，但这类企业的后劲往往很足，越往后发展的速度可能越快。当然，如果过于谨慎，在企业发展过程中，可能会错失一些发展机遇。

第三，投机型。

这类领导者并不像是在经营企业，而像是在炒股票。他们领导下的企业总是朝着看起来最有前景的方向前进，但结果总是不那么理想。事实上，企业从来没有为进入一个新的领域做好准备，只是象征性地努力一下，以赢得资本市场的青睐。当企业的股票价格被拉升时，这些领导者义无反顾地选择减持，最终倒霉的就是接盘的散户了。

第四，高瞻远瞩型。

这类领导者经营企业就如同在下围棋。当他刚落子时，你根本不觉得有多么高明，但若干年后就会发现，他所落下的棋子早已开花结果，此时，竞争对手已再无还手之力。当然，有时候这种高瞻远瞩是需要站在不同的时间维度上来看待的，也许 5 年后看到的是这样一种情形，但 10 年后可能就是另外一种情形了。这时候，投资者需要对这些领导者给予充分的信任，不能单凭一个季度或一个年度的业绩指标来评价其经营成果。

没有完美的人，也没有完美的领导者类型。每种类型的领导者都可能有优秀者脱颖而出，同样，也都有失败者。总之，投资者在选择投资标的时，需要考虑这些企业的领导者是哪种性格的人，同时也要考虑其与自身的投资风格、风险偏好是否相符。假如你认定某个领导者属于高瞻远瞩型的领导者，其现在的企业效益并不特别理想，那么，你愿意将手中的钱投资给这家公司吗？或者你想投资，能否坚持持股到企业取得重大成果的那一天呢？这都是投资者在选择股票前需要考虑的问题。

三、以往的治理水平

作为普通投资者，尽管会尽全力搜集一些目标企业的资料（资料仍非常有限），但仍不能对上市公司管理层有一个清晰而准确的认知。因此，借助历史资料和数据，分析管理层以往的治理水平，也是一个不错的选择。

1. 战略目标规划与实施

每隔一段时间，所有的上市公司都会提出一个本企业的战略目标，而实施结果的不同就体现出了管理层管理水平的高低。投资者可以查看一些投资标的企业以往设定的目标、规划，并分析其完成情况。通常情况下，如无特殊原因，每次都能实现其规划目标的企业往往属于那种管控能力、执行能力都较强的企业，这也可以从侧面反映出企业管理层是属于比较务实和诚信的。反之，一些经常出台规划与计划，却几乎没有顺利实现的企业，投资者宜避而远之。

2. 推进变革的能力

市场竞争的形势与格局总是处于不断变化之中。企业为了适应新的形势、新的竞争，就必须进行适当的变革，而推进变革的能力是考验管理层管理能力强弱的重要指标。

变革，说起来容易做起来难，能够实现变革目标的企业也是少之又少。投资者在考察企业时，可以重点关注企业在推进变革过程中所遇到的困难及其采取的对策，并关注变革目标的完成情况。

若是某个企业的管理层能够连续数次推进企业变革，就可以认定这个企业的管理层具有较强的推进变革的能力。这样的管理层在与其他企业竞争时，也会很容易取得优势。

3. 以往的决策成功率

过去成功并不代表未来一定会成功。但若过去的决策以失败居多，那就很难让人相信管理层对未来的判断一定会正确。决策成功与否，也反映了企业管理团队有没有将股东的财产当作自己的财产来经营和管理。巴菲特在选择投资标的时，常常会看这个企业的管理团队是不是“才华横溢，像管理自己的财产一样管理股东的财产”。换句话说，如果管理层真的将股东的财产当成自己的财产一样去经营和管理，恐怕也就不会有那么多的决策失误了。

第四节　便宜的价格

内在价值较高，但价格却非常便宜的股票，就是最佳的投资标的。巴菲特在 2019 年致股东的信中曾这样强调过：资本配置的首要目标，是要购入可持续发展及表现良好的公司股票，并需要以合理的价格来购买。假若以过高的价钱买入股票，将会使一个本来不错的业务变成很糟糕的生意，至少在很长一段时间内会非常痛苦。

巴菲特投资的登普斯特农具机械制造公司，本身是一家制造风车、水泵等农具机械的公司。在机井等现代化设备出现前，很多农田的灌溉是要靠风力驱动风车，将河里的水引入农田的。登普斯特公司在这一时期积累了较好的信誉，也取得了不错的业绩。

随着现代机械的普及，登普斯特公司的收入开始进入下滑通道。销售新的农机产品非常困难，但之前销售出去的产品仍需要维护。也就是说，该公司的业务尽管出现了下滑，但仍能维持很长一段时间。

在市场上，大多数投资者是不愿意持有这类夕阳产业公司的股票的。巴菲特买入该公司前，该公司的净资产折合每股在 75 美元左右。当然，巴菲特计算企业净值时，可不是按照公司账面净资产计算的，而是对科目进行了一定的折价。比如，关于应收账款，用了 15% 的折扣，存货则使用了 40% 的折扣，而负债则是全额计提，这样经过处理后，该公司的资产折合每股大约为 35 美元左右。

巴菲特开始不断地尝试买入该公司的股票，最低买入价为 16 美元。到巴菲特完成对该公司的收购时，支付的平均成本为每股 28 美元。也就是说，相对于自己的估值，仍有 20% 左右的安全边际。

成功收购该公司后，巴菲特通过引入新的管理层，并采用物质激励的方法，强力将库存转化为现金，并关闭非盈利性分支等措施，很快扭转了登普斯特农具机械制造公司的困局，使得公司的估值从 35 美元上升至 65 美元的水平。

当然，我们没有巴菲特那样的实力，能够将新的管理层引入公司，以改善其管理和运营，但挑选股价远远低于净资产（需要对存货、应收账款、无形资产等给予一定的折扣，这一点最为重要）的股票，确实是一种增加投资成功率的方法。

从巴菲特的投资案例中可以看出，低价买入高质量资产，是整个投资成功的关键。因此，我们在寻找投资对象时，也需要从资产的内在价值和安全边际两方面入手，寻找最合适的投资标的。

一、内在价值

内在价值与前面介绍的价值投资四大原则之首的安全边际密切相关。只有确认了一只股票的内在价值，才能去寻找交易的安全边际。也就是说，你要买入一件商品，若想以非常便宜的价格买入，首先就得知道这件商品到底能值多少钱。如果这件商品的成本在 10 元左右，那么，你花 5 元或 6 元买入都是比较便宜的，因为这时你就获得了 4 元到 5 元的安全边际。反之，你若不知道这件商品值多少钱，那么，你的安全边际也就无从获得。我们当然不能根据卖家给出的价格来确定自己的安全边际，因为你也不知道卖家的报价中有多少水分。在股市中也是如此，股价的涨跌会受到多方面因素的影响，因而单从股价上很难看出一只股票的内在价值。

在格雷厄姆创立价值投资理论时，就建立了一套分析股票内在价值的方法，包括对企业自身资产、分红或股息、盈利、资产结构等方面进行分析，以确认股票的内在价值。

时至今日，经过拉里·威廉姆斯、费雪、巴菲特等人的发展，内在价值的计量方法有所改进，但最根本的思想基础没有改变，即准确地计量股票内在的真实价值。

二、安全边际

安全边际是格雷厄姆创立价值投资理论伊始便坚持的最基本原则。安全边际原则，也是价值投资理论中最重要、最核心的原则。不过，随着时代的变迁和投资理念的发展，对安全边际的理解也在不断发展。

在格雷厄姆时代，安全边际具有最直接的体现。格雷厄姆喜欢用最简单、最直接的方法评估拟购入资产的价值，一般是以净流动资产的价值为切入点。假如一个企业的净流动资产为3000万元，那么，格雷厄姆总是希望以低于2000万元的价格买入，这样，从净流动资产方面来看，就有了1000万元的安全边际，而固定资产就等同于白送给自己的了。当然，企业的盈利能力以及未来的成长性，在格雷厄姆看来都是额外的附加价值。也就是说，在大部分情况下，用资产净价值三分之二的价格完成收购，并获得三分之一以上的安全边际，是格雷厄姆喜欢做的事情。

随着时代的发展，特别是巴菲特在收购伯克希尔公司受挫后，很多坚持价值投资的投资者开始修正安全边际的评估对象，即从以前的净流动资产转为自由现金流的贴现价值。也就是说，假如一个企业在未来持续为自己创造自由现金流的净值为1000万元，那么，此时以800万元买入，则相当于获得了20%的安全边际。

三、特殊时期买入优质资产

在任何时候，优质的投资标的都是市场上的稀缺品种，且价格肯定也是不菲的。不过，在一些丑闻出现时，这些股票的价格就可能出现大幅下跌走势。其中，有些丑闻可能对企业本身并没有太大的伤害。

美国运通公司在20世纪60年代初绝对是市场上的明星企业，其发明的旅行支票和信用卡，都成为喜欢旅游人士的最爱。运通公司的股价也是一路走高。

不过，在 1963 年，美国运通公司遭遇了一场“滑铁卢”，其下属的子公司卷入了一场诈骗丑闻（后被称为“色拉油骗局”）。当时，美国运通旗下的一家子公司为新泽西州的植物油精炼公司提供担保，抵押物为该公司仓库内的色拉油。这家植物油公司破产后，仓库管理人员发现，本来用于抵押的色拉油不过是一些海水。由于担保原因，运通公司宣布愿意偿付这些债务。一时间，市场传言美国运通公司可能会因为这些债务而破产，运通的股价也从最高的每股 60 美元，直接下跌至每股 35 美元。

巴菲特在此期间积极地进行了一系列的市场调查，他发现市场上的消费者仍然信任运通公司的旅行支票和信用卡，本次事件对运通公司的声誉伤害并不大，未来运通公司仍会继续维持运营。于是，巴菲特开始在 40 美元的位置购买运通公司的股票。当然，40 美元的价格，对于一家被丑闻困扰的公司而言仍旧不便宜，但巴菲特相信，以一个公允的价格买入一家优质公司，胜于以很低的价格买入平庸的公司。当然，这里还涉及企业未来成长性的问题。

从 A 股市场来看，进入 2018 年以后，中美贸易摩擦加剧，国内很多高科技公司都遭受了来自美国的制裁。一些绩优白马股的股价也因此出现了一波大幅下挫走势，其中比较典型是海康威视。海康威视是国内安防视频领域的龙头企业，也是一只长线绩优股。2018 年 3 月 12 日，海康威视的股价曾经达到 42.79 元的高点，但在美国宣布制裁后，其股价直接下挫至 20.99 元。如图 3–6 所示。

不过，海康威视并没有因为受制裁而一跌不振，尽管短期业绩受到了一定的影响，但从长期来看，海康威视在视频安防领域的竞争优势依然十分突出。在接下来的两年里，该股股价振荡走高，逐渐回升至 2018 年价格附近。其实，对于这类股票来说，在正常情况下，投资者以低估的价格买入的机会并不多，而这种偶发性事件往往就是介入这类股票的最佳时机。

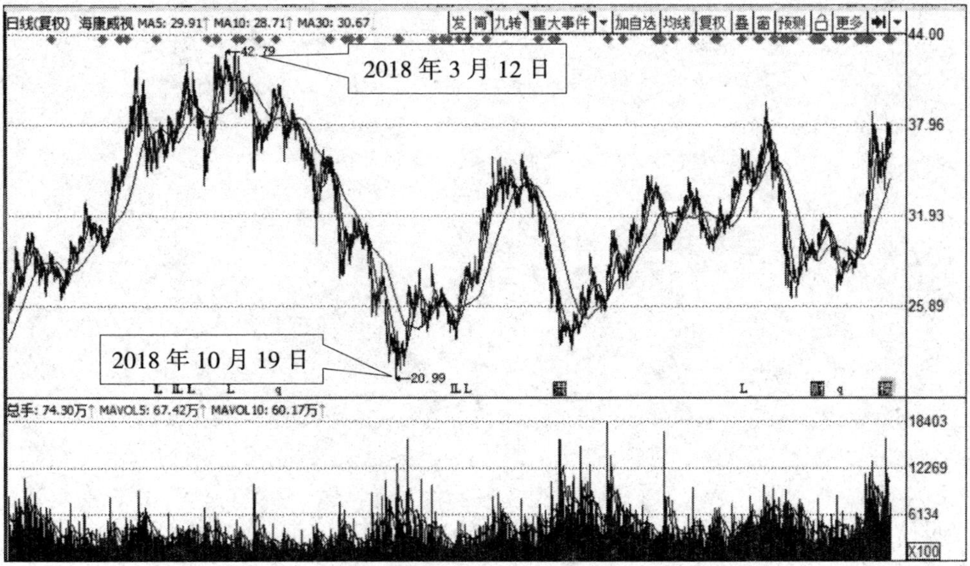

图 3-6　海康威视（002415）日 K 线走势图

到了 2020 年 7 月，海康威视的股价又来到了 38 元附近，相比 2018 年 10 月中旬的低点，该股股价已经有了较大的涨幅。

第四章

费雪：成长股选股方略

菲利普·费雪的投资风格与格雷厄姆有很大不同。在费雪看来，一只股票的市盈率高必然有其背后的原因。从当前的股票价格来看，可能显得市盈率过高了，但其背后肯定有支撑高市盈率的原因，未来，若该企业的经营业绩持续走高，那么，当前的高市盈率就不再高了。

在费雪的思想体系中，股票的成长性而非低价是排在第一位的。投资者在分析股票的质地时，应重点寻找那些盈利即将大幅改善的企业，最好是盈余改善即将到来，而市场并未推动股价上攻的标的股。比如，某只股票的市盈率可能达到了行业均值的两倍，表面上看，这只股票的价格已经偏高了，但是，若该企业的业绩增速远远高于行业平均水平的两倍，那么，这只股票就是一只非常值得投资的优质标的。当然，若未来这只股票的成长性减弱，则其高市盈率将难以维系，其实，这也是消费品领域很多白马股市盈率很低，而医药生物板块中很多股票业绩并不突出，但市盈率却很高的原因所在，即很多消费品企业的市场占有率已经接近行业天花板了，继续增长将变得十分困难。反之，在医药生物领域，很多企业研发的新药具有很大的市场潜力，因而，高市盈率是一种十分正常的现象。

在费雪的思想体系中，若手中的股票足够优秀，且仍能保持优秀，就不应该因为股价高而卖出，卖出的理由只能有三个：第一，初始阶段股票选择出错；第二，原有的业绩增长逻辑不再，即企业的管理和业绩出现退步，不再具有高成长性；第三，发现了更为优秀的个股，需要资金投入。也就是说，从费雪的投资思想中可以看出，若一家企业的增长速度依旧保持，且增长逻辑依旧持续，那么，投资者就不应该抛弃它，不用管它的估值是高了还是低了。

费雪将其选择成长股的方法总结为 15 项原则，用以指导投资者选股。本书为了便于读者掌握这些原则，将其做了大致的分类（同时，为了归类方便，对费雪的 15 项选股原则的顺序进行了调整）。如图 4-1 所示。

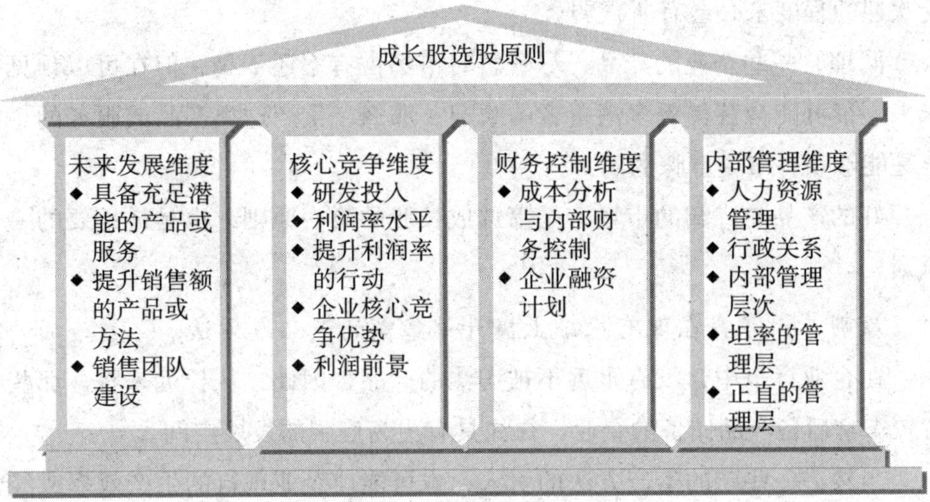

图 4-1　费雪成长股选股 15 项原则

第一节　未来发展潜力维度

成长潜力，是费雪最关注的一个维度，也是选择成长股时最为重要的一个维度。

原则一：具备充足市场潜能的产品或服务。

产品或服务，是企业赢得市场和获得利润的核心与关键。一家企业，当前所生产的产品或提供的服务在未来数年之内是否具有市场潜力，是考察企业成长性的一个重要指标。事实上，企业在运营过程中，不可避免地会遇到各种困难和调整，企业的营收与利润也会出现一定的波动，这都是十分正常的。关键是企业的产品或服务是否还能够获得消费者和市场的认可。如果产品仍能获得市场欢迎，那么，即使企业当前的盈利不足，未来也能够弥补。其实，这也是市场上的投资者往往愿意为一些拥有垄断产品或服务的企业赋予更高估值的原因。比如，贵州茅台、五粮液等产品，在未来数年，其产品受欢迎的程度未必会有所减弱。

同理，一些企业的产品，尽管暂时市场占有率还不高，但在可以预见的未来，很可能会获得更多消费者的欢迎，那么，生产这类产品或服务的企业也是能够获得市场青睐的。

好的产品与广阔的市场，是筛选成长股的第一原则，也是最重要的一个原则。

原则二：寻找在现有基础上提升销售额的产品或方法。

在企业竞争中，没有永远不被淘汰的产品，因此，从长远来看，那些拥有较丰富后备产品储备的企业，往往具有更为广阔的发展空间。

当然，一些新的生产方法的引入，也可能使企业现行的生产效率或经营效率有所改善，但事实上，我们在市场上还是更加看重新产品、新技术的储备。

目前，市场上对科技创新型企业、生物医药类企业往往比较青睐，究其原因，无外乎这些企业具有更多的技术储备和产品储备。

比如，受到市场青睐的医药龙头企业恒瑞医药，尽管其股价一直处于高位水平，但增长势头依旧非常强劲。这不仅与其强劲的业绩、充沛的现金流有关，还与该公司拥有众多在研新产品有关。

经过多年的发展，恒瑞医药公司打造了一支拥有 3400 多人的研发团队，先后在连云港、上海、成都和美国设立了研发中心和临床医学部，建立了国家级企业技术中心和博士后科研工作站、国家分子靶向药物工程研究中心、国家“重大新药创制”专项孵化器基地，坚持每年投入销售额 10% 以上的研发资金。几年来，公司先后承担了 44 项“国家重大新药创制”专项项目，23 项国家级重点新产品项目及数十项省级科技项目，先后申请了 874 项发明专利，其中 335 项为国际专利申请。创新药艾瑞昔布、阿帕替尼、硫培非格司亭、吡咯替尼、卡瑞利珠单抗和甲苯磺酸瑞马唑仑已获批上市。在创新药开发上，已基本形成了每年都有创新药申请临床，每 1～2 年都有创新药上市的良性发展态势。公司技术创新能力在国内位列前茅，研发团队实力明显。

众多重磅在研新药，保障了企业未来业绩仍有持续向上的空间。再来看一下恒瑞医药的日K线走势图，如图4–2所示。

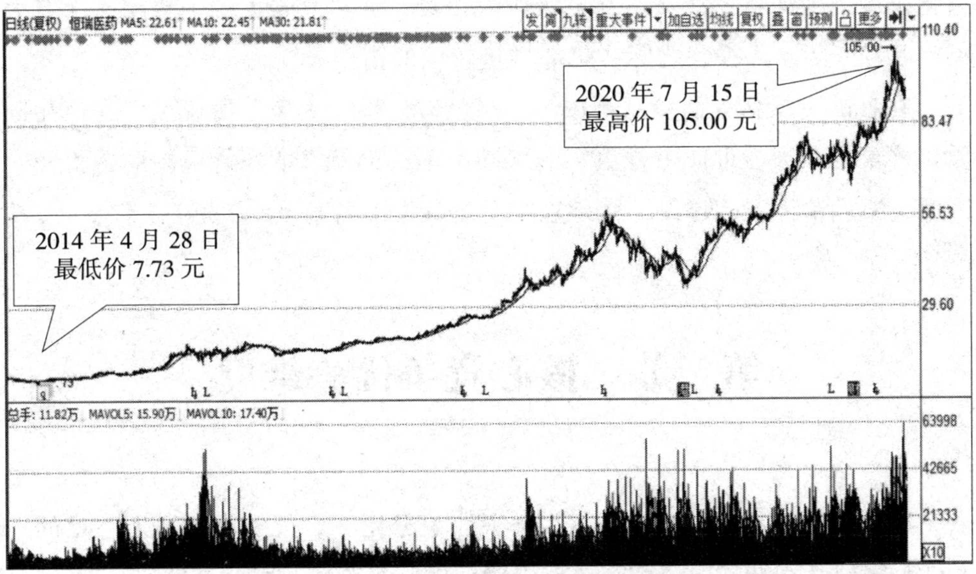

图4–2　恒瑞医药（600276）日K线走势图

如图4–2所示，恒瑞医药的股价在过去6年多的时间里，从最低点的7.73元（复权价），上涨至2020年7月15日的105元（复权价）。股价上涨了十几倍之多。由此可见，市场对于这类拥有丰富新产品储备的企业非常青睐。

原则三：销售团队建设。

好的产品，更需要好的销售。随着新兴媒体与传播技术的发展，原有的销售模式也在不断地发生变化。销售团队建设，对于很多企业来说，仍是影响企业未来发展的重要指标。当然，个别行业或产品确实是例外，比如贵州茅台几乎不需要进行任何广告宣传，就可以让经销商拿钱去排队等货。不过，对于大多数行业内的企业来说，销售团队建设仍是不可或缺的，甚至是需要与时俱进的。

比如，在医疗器械行业，销售团队与医院、医生的关系，对产品的销售具有至关重要的影响。在治疗糖尿病的胰岛素产品领域，通化东宝与甘李药业是最典型的两家龙头企业。目前，甘李药业已经开始销售第三代胰岛素产品，而通化东宝还是以二代胰岛素产品为主（三代胰岛素尚未上市）。不过，通化东宝因为深耕三线城市与县级医院市场，凭借其强大的销售团队，在大城市已经开始产品换代之际，仍能维持较佳的销售业绩。

在食品、饮料等消费品领域，一直就有“终端为王”的说法。在产品同质化严重的今天，谁能占领更多的终端市场，谁就可能拥有更高的销售额。因此，终端销售团队建设，就是这些企业赢得市场竞争的关键。

第二节　核心竞争优势维度

核心竞争优势是一家企业区别于其他竞争对手，能够在市场上立足的根本，是投资者在选择股票前需要首先确认的一个维度。

原则四：企业在研发领域的投入。

持续高额的研发投入，可能会对企业的短期收益产生一定的影响，但绝对是保证其后续竞争力的关键。

很多拥有竞争优势的企业，常常会因目前所处的竞争位置而沾沾自喜，却忽略了后续的研发投入。毕竟，很多企业的高管都有短期的利润指标作为考核其经营成果的重要项目，而对于企业的长远发展、长久的竞争力则缺乏关心。

事实上，目前A股市场上研发投入较高的企业，仍与国际巨头在研发方面的投入存在较大的差距。就像之前提及的恒瑞医药，在A股市场上属于研发投入较高的企业，2019年度的研发投入为38.96亿元，当年的营收为232.89亿元。也就是说，恒瑞医药的年度研发投入占销售额的比重约为16.73%。复星医药的研发投入为20.41亿元，年营收为285.85亿元，研发投入占销售额的比重为7.14%。

对比国际医药生产研发巨头，2019 年，罗氏的研发投入为 120 亿美元左右，占销售额的比重约为 19%；强生公司的研发投入为 113.6 亿美元，占销售额的比重约为 13.8%；默沙东公司的研发投入为 99 亿美元，占销售额的比重为 21.1%；诺华公司的研发投入为 94 亿美元，占销售额的比重为 19.8%。

由此可见，A 股市场的医药公司在研发投入规模和营收占比方面，与国际制药巨头仍有较大的差距。

当然，我们在寻找目标股时，不能将目标完全锁定在生物医药股票类别中。但无论何种类别的股票，研发投入过低，都可能制约企业其后的发展。因此，研发总投入金额、研发占销售额的比重，都是我们考察一个企业是否具备持续竞争力的关键。

原则五：企业利润率水平。

企业的利润率水平，在一定程度上可以反映企业或行业在市场中所处的地位。一般来说，利润率水平越高，说明企业在竞争中的优势地位越明显；反之，则说明企业很可能在竞争中不具有优势。

通常情况下，利润率较高的企业往往具有这样几个特征，如图 4–3 所示。

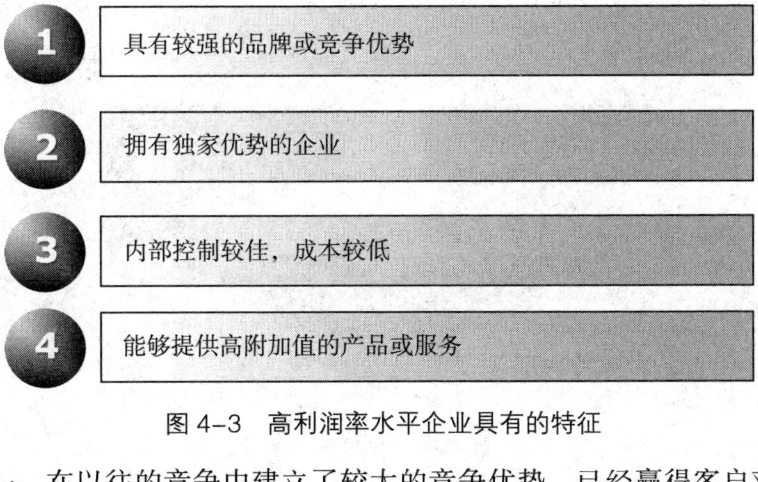

图 4–3　高利润率水平企业具有的特征

第一，在以往的竞争中建立了较大的竞争优势，已经赢得客户对企业产品的信任，这使得企业具有了较强的定价权。比如，在空调市场上，尽管存在激烈的竞争，但格力和美的等企业产品的价格仍会高于同类企业，其利润率也要高于其他企业。

第二，拥有独家优势的企业。客户或消费者无法通过其他途径获得类似的替代品，因此，这类企业往往能够获得较高的利润率，如贵州茅台、长春高新等。

第三，企业通过梳理内部流程管理或成本控制，使得自身的运营成本明显低于同类企业，使得企业的利润率水平高于同类企业。如苏泊尔、格兰仕等企业。

第四，通过增加具有高附加价值的服务或产品，来提升企业的整体利润率水平。比如，在一些餐饮企业中，通过提升和改善服务来吸引客户，借以提升企业的利润率水平。

原则六：企业提升利润率的行动。

事实上，当一个高利润率产品销售一段时间后，就会出现跟风产品，整个行业的竞争也会陷入白热化，原有的利润率水平很难继续保持。与此同时，工资与原材料成本的上升也是一个不可避免的趋势。其实，从根本上来说，这属于典型的企业竞争力开始下滑的一种表现。

那么，企业如何才能保持甚至提升利润率水平呢？从根本上来说，无外乎两条途径，如图 4-4 所示。

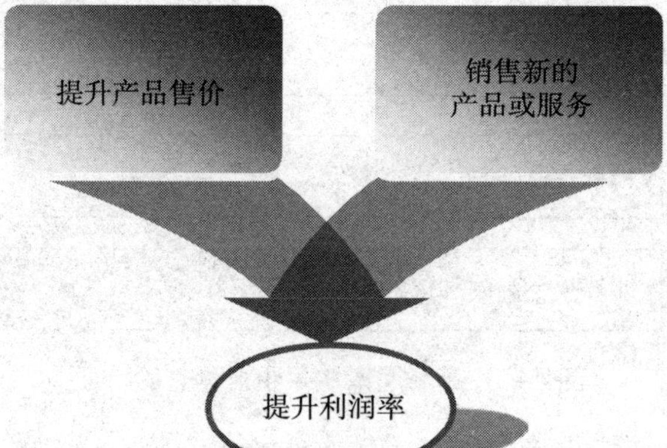

图 4-4　提升利润率水平的行动

1. 提升产品售价

价格提升是企业营收增长的一种主要方式。即使销售量保持不变，企业通过提升产品或服务的售价，可以使营收大幅增加。当然，并不是每个企业都能运用提价武器的，特别是将其用于长期稳定的营收增长武器，更是非常困难。使用价格提升策略来提升销售额的企业，主要具有以下几个显著的特点。

第一，拥有强大核心竞争优势的企业更容易使用这一武器。在A股市场，特别是消费品市场上，有很多具有强大品牌优势的企业喜欢采用这一策略。比较典型的如白酒行业中的贵州茅台、五粮液等企业，每隔一段时间上调一下白酒的售价，就可以增厚企业的营收和利润。

第二，提价武器虽然比较有效，但不能经常使用。上调价格的基础是产品销售量能够保持不降低，至少下降的幅度不能超过提价的幅度，否则调价策略就是失败的。如果一家企业在几年之内连续进行调价，一旦销量急转直下，企业再想收复昔日的市场就会难上加难。比如阿胶领域的龙头企业东阿阿胶，曾经在几年之内多次提价，但在2018年提价之后，销售量急速下滑，致使企业营收和净利润双双下降。

第三，在消费者对价格敏感度较高的领域，企业还是要谨慎使用提价策略。而在消费者对价格敏感度较低的领域，具有强大品牌优势的企业只要将价格控制在合理范围之内，提价策略还是有效的，比如前面提及的高端白酒领域、保健品领域等。

通常情况下，具备提价条件的企业往往都拥有显著的竞争优势，这类企业往往也会成为股票市场上的优质标的。

2. 销售新的产品或服务

当企业原有产品或服务的市场占有率接近行业天花板或行业存在衰退迹象时，很多企业就会考虑通过开发新的产品或服务来推动企业营收增长。在科技领域更是如此，一家科技企业很难凭借一种产品持续获得较高增速的营收，只有源源不断地推出新产品，才能让营收不断地攀上更高的台阶。

第一，持续的研发投入与技术储备是推动新产品或服务的先决条件。企业在研发方面投入较大，才有可能在未来不断地推出新的产品和服务。因此，投资者在关注企业当下推出的新产品时，还要关注企业在其他方面的研发投入以及研发预算有无增长等。

第二，从新产品或服务在市场中的地位，判断企业整体的研发实力和水平，并预判其在未来市场竞争中的位置。若企业的新产品或服务在市场上处于领先位置，那么，未来该企业也可能会收获较丰厚的回报。反之，若企业推出的新产品或服务只是跟随者，那么，该企业很难从市场上获得超额回报。

第三，从目前的情况来看，通过销售新的产品或服务是很多企业增加营收的主要途径之一。不过，一些企业在增加新产品或服务的销售方面往往存在问题，很多企业为了增加营收，拼命地进行多元化投资，以期通过销售更多的产品或服务来拉动整体营收的增长。然而，事实却可能是营收增加后，净利润没有增长，却反向下滑。也就是说，新增的更多没有竞争能力的产品蚕食了原来富有竞争力产品的利润。担任过通用电气 CEO 的杰克·韦尔奇曾经提出一个叫做“数一数二”的战略。企业的业务中，只有在细分领域占据行业前两名，才会保留并继续投入资源运营，若一个业务根本没有希望做到行业前两名，就应该放弃。其实，这也是投资者审视这些上市公司销售新产品或业务时需要采用的方法。若企业拓展的新业务根本没有竞争力，因为我们无法替代上市公司做决策，就只能选择放弃这些公司的股票。

投资者在选择目标企业时，需要从以上几个方面考察其有无提升未来利润率水平的行动，进而判断该企业有无投资的必要。也就是说，若企业不愿意在以上方面努力或者没有条件实现提升利润率水平，则需尽量避开。

原则七：企业核心竞争优势。

企业核心竞争力是一家企业与其他企业相区别的最明显的特征，也是企业立足市场的根本。

关于企业核心竞争力分析，投资者可参照前面巴菲特选股方略中关于企业竞争优势的论述。这里不再重复介绍。

事实上，巴菲特关于企业核心竞争力的论述，也是借鉴了一些费雪的思想。相比较而言，巴菲特的论述可能更为到位一些。

原则八：短期或长期利润前景。

优质企业与一般企业的区别在于，它们总是会让人产生未来能够获得更为丰厚利润的想法。也就是说，这类优质企业总是很容易让投资者看到其所拥有的广阔的利润前景。

比如，贵州茅台的市场价格十分坚挺，这就让人看到其未来拥有持续的提升空间；恒瑞医药拥有的新产品储备，以及每年上市的新产品，让人相信其未来会有更多、更好的新产品出现，利润前景也更为广阔。

市场上确实有一些不道德的企业，领导层出于想要减持的目的，故意将当期或近期利润做高，以推动股价上扬，尽管这样可能会损害企业的长远利益。还有一些企业为了所谓的控制成本，不停地压缩研发投入。前面曾经提到过，研发方面的投入是保持企业竞争能力的关键。这些企业压缩研发支出，以换取短期利润提升的方法，肯定会伤害企业的长远利润前景。投资者在分析和选择目标股票时，需要仔细加以甄别。

第三节　财务与控制维度

原则九：成本分析与内部财务控制。

企业内部控制与成本分析水平，对企业的净利润水平具有重要的影响。拥有同样销售毛利率水平的企业，最终的净利润水平会出现很大的差异，其中很大一部分原因在于内部控制水平和成本分析水平的不同。

在费雪生活的时代，很多企业的成本分析与内部控制水平都不是很完善，因而，在费雪的分析体系中，这部分内容占了较大的比重。时至今日，很多企业在内部控制和成本分析方面都取得了不错的成果，再度进行内部挖潜给企业带来的实质性利润增长相对有限。

另外，在各个企业的年度经营报告中，也常常会有关于内部控制方面的描述，有兴趣的投资者可以了解一下。比如，凯利泰在2019年度董事会经营评述报告中，就曾经列举了一些内部控制措施："报告期内，在生产经营及管理方面，公司以市场营销、生产管理、质量管控和成本控制为主线，以生产管理和品质管控为重点，强化生产管理，努力提高品质管控能力。报告期内，公司加强了生产调度，合理安排原材料供应及采购成本管理。严格按照生产工艺流程，以安全生产为中心，开展全面质量管理，加强员工培训和管理，无重大安全生产及产品临床医疗质量事故发生。"

事实上，对于大部分投资者来说，了解企业内部情况都是比较困难的，但是可以将目标企业与行业龙头企业的毛利率和销售净利润率水平进行对比，来分析企业内部成本控制水平。

表4-1列举了几家家电生产企业的销量毛利率与净利润水平，仅供参考。

表4-1　主要家电企业销售毛利率与净利率

项目 \ 企业名称	海尔智家	美的集团	格力电器	苏泊尔
销售毛利率	29.83%	28.86%	27.58%	31.15%
销售净利率	6.14%	9.09%	12.53%	9.65%

通过表4-1中的数据对比来看，格力电器在四家企业中销售毛利率属于最低的，但其销售净利率却是最高的。这一方面与企业聚焦于空调产品这个单一品类有关，另一方面也说明企业内部控制与成本分析做得相对较好。

投资者在分析其他家电企业时，可以通过与表4-1中的几家企业数据进行对比，分析其内部控制情况。

原则十：企业融资计划。

企业的发展与扩张不可避免地会需要大量的资金。面对资金需求，上市公司可选的路径主要包括两种：其一，通过借贷或者发债，也就是通常所说的债务融资；其二，通过增发股份的方式，实现股权融资。

从某种意义上来说，这两种方式各有利弊。债务融资可以避免企业股权被稀释，企业的盈利能力较强、资产收益率较高时，采用此方法比较有利。这就如同你借了1000万元的债务，尽管每年需要支付50万元的利息，但这1000万元若能为你带来200万元的利润，就是一个非常不错的选择。

反之，若企业的盈利能力不佳，甚至资产收益率低于债务成本，则需要考虑股权融资的方式。股权融资，意味着现有投资者未来获得的利润可能会被稀释一部分，特别是盈利能力本来就不足的企业，盈利水平可能会更低。当然，对于这类企业而言，投资者将其列为投资标的也并非明知之举。

不过，很多A股上市公司都比较喜欢增发股份或者通过发行可转债，并以促成这些可转债的投资者转股的方式来完成股权融资。这是因为，通过这种方式融资，对于企业来说没有偿债压力，但对于投资者来说并非是一个好的选择。对于频繁增发的企业，投资者还是应该避而远之。

第四节　内部管理维度

内部管理维度，特别是团队管理，对企业运营起到至关重要的作用，投资者需要特别关注。

原则十一：企业内部人力资源管理。

在费雪的思想体系中，内部劳动与人事关系是很重要的一部分内容。该部分内容主要表现在两个方面：其一，工会与企业的关系；其二，企业培训开支情况。

美国工会力量十分强大，工会与企业之间的关系对企业运营具有重要影响，因而，在选择投资目标企业时，不得不考虑工会与企业之间的关系。这个问题在A股市场几乎是可以忽略不计的。但是，对待员工比较友好的企业，还是应该获得更多的关注，而一些对待员工比较苛刻的企业，投资者需要有所保留。

在员工培训方面，由于政府在税收方面会给予相应的支持和优惠，很多上市公司在培训支出方面做得还是相对不错的。当然，实际获得的培训成果还有待验证。

关于这一维度，我们的建议是通过建立否决性指标来排除备选企业。也就是说，当某家企业在人事与劳动关系方面存在不良记录，可以将其剔除备选标的。

在费雪的投资思想中，低成本生产是他非常看重的指标，当然，这与他生活的时代有关。在那个时代，服务业远不像今天这样发达，网络信息技术也并没有发挥今天这么大的作用。今天的低成本生产很难抵消日渐增长的工资所带来的压力，而科技、创新、服务带给整个时代的变革还在深入。

原则十二：企业内部行政关系是否良好。

企业管理人员依靠他们的判断、独创性和团队合作，及时做出正确的决定，是企业稳定持续发展的保证。在内部行政关系方面，对于普通投资者来说，上市公司的内部氛围是我们无法掌握的，但在评估企业时，可以从企业管理团队的构成与稳定性方面来评估其现状。

管理团队的构成及稳定性，会对企业的经营管理产生较大的影响，如图4-5所示。

图 4-5　管理团队评估维度

1. 管理团队的构成

因为企业的治理结构不同，企业性质不同，管理团队的构成存在多种形式。例如，很多民营企业的上市公司仍是家族式管理，即由家族成员担任重要的管理岗位；国企或国企控股上市企业则是由上级直接任命高级管理职位；由多个股东控制的企业，则由大股东派出高级管理人员。

无论何种方式构成的管理团队，投资者都要考虑这个管理团队内在的知识结构，即管理团队是否具备持续经营该企业的知识与能力。当然，这不仅要看管理者的专业背景，还要考虑他们的专长、性格以及在某一领域工作的时间、擅长的领域等。

2. 管理团队的稳定性

企业的规划要靠管理团队去执行、去实现，若管理团队稳定性不足，则容易导致企业规划执行不力，甚至走偏。研究 A 股上市公司中发展较好的企业就会发现，这些企业的管理团队都具有这样几个特点。

第一，核心管理团队稳定性极好。中国股市的几个标杆企业中，中国平安一直由马明哲领导；万科 A 先是王石与郁亮搭档，后由郁亮独自领导；格力电器先是朱江洪与董明珠搭档，后来朱江洪退休，由董明珠领导。这些企业的核心领导团队都是几十年没有变过，所以能够一直保持稳定有序的经营。

第二，管理团队逐渐更新换代，更加推崇内部培养的模式。随着老一辈创业团队逐渐退居二线，新的领导团队就会逐渐浮出水面。近几年来，空降兵直接领导企业的情况逐渐减少，更多的情况是由企业内部培养的管理者接替老一辈创业者，如方洪波接替何享建成为美的集团总裁；梁海山接替张瑞敏、杨绵绵成为青岛海尔总裁。当然，有些企业的接班者就是创业者的子辈，如三安光电的林志强接替其父林秀成成为三安光电掌门人。

原则十三：企业内部管理层次。

在费雪所处的年代，很多企业内部管理并不规范，因而他将企业内部管理是否有层次，作为评估企业管理水平的一个指标。

在 A 股市场上，投资者还要关注企业内部治理结构是否稳定，控股股东的位置是否稳固等因素。

公司治理结构，是指为实现资源配置的有效性，所有者（股东）对公司的经营管理和绩效进行监督、激励、控制和协调的一整套制度安排，它反映了决定公司发展方向和业绩的各参与方之间的关系。公司治理结构，用通俗的话来讲就是股东与经营者由谁来为公司掌舵，由谁来决定公司的发展方向。按照现代企业管理的原则，通常是由企业的所有者（股东）聘请经理人来管理公司，所有者（股东）对经理人实施监督。由于上市公司股权分布不同，所有者（股东）能够对经营者施加的影响也有所不同。

通常情况下，公司治理结构主要可以分为三种。

1. 公司股权分散，无实际上的控股股东，管理层就是实际控制人

随着 A 股进入全流通时代，股权分散的公司越来越多，这类公司具有如下几个特点：第一，没有绝对的控股股东，也就是说，持有公司股份最多的股东也只是拥有公司很少一部分股权；第二，大股东对管理层没有直接的影响力，也不能任命管理人员；第三，大股东只能与其他股东一起对管理层施加压力。

这类企业已经进入了公众公司的范畴，其管理层的经营效果直接对所有股东负责，而不是直接对某个或几个大股东负责。所有股东借助股东大会以及选举的董事会完成对管理层的监督。通常情况下，这类公司的管理层对企业拥有较强的掌控能力，企业能够按照管理层的设想和规划发展，企业的经营发展往往比较健康和稳定。

不过，由于股权过于分散，也容易被一些资本大鳄列为攻击目标，南玻 A 和万科 A 都曾经被宝能系资金深度介入，使公司控制权几近易手。不过，资金介入时，往往会有一波股价快速上升的过程。

如图 4-6 所示，万科 A 是一家以房地产开发为主业的上市公司。自 1991 年上市以来，一直是作为 A 股市场的标杆企业存在的。长期以来，万科 A 以其规范化的管理受到资本市场的普遍青睐。该公司的股权十分分散，在 2015 年以前，最大的股东持有的股份也不到 15%。2015 年下半年，万科 A 被宝能系资金频繁举牌，宝能系一度成为万科 A 的最大股东，一场关于万科 A 的股权争夺战正式展开。该股的股价也随着股权争夺战一飞冲天，从 2015 年 10 月底的不到 14 元，一路上涨至 2016 年 8 月中旬的 26.89 元。

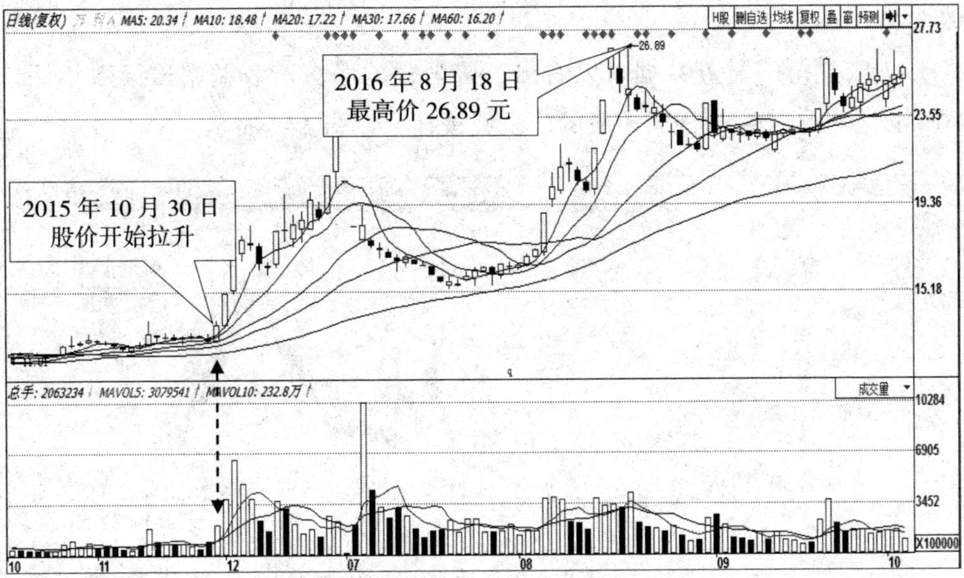

图 4-6 万科 A（000002）日 K 线走势图

随后，由于深地铁的介入并成为万科 A 的第一大股东，万科 A 的股权争夺战才算告一段落。

2. 公司有控股股东，且控股股东亲自管理公司

在 A 股市场上，由控股股东直接控制公司，仍然是一种较为普遍的情况。除了国企之外，大部分上市公司本质上都是由控股股东直接控制的。这类公司的特点包括这样几点：第一，控股股东持有公司绝大多数股权或相对多数股权；第二，控股股东与公司的利益是一致的，因而对企业的投入必然较多，企业的发展总体上有保障；第三，上市公司能够按照控股股东的意愿开展经营活动，不过，有时可能会有损于中小股东的利益。通常情况下，这类企业的管理层比较稳定，毕竟管理层已经和控股股东合二为一了。

例如，三安光电股份有限公司是一家以 LED 发光器件为主的高科技光电能源公司。该公司的大股东为厦门三安电子有限公司，实际控制人为林秀成。该公司董事长和总经理均为林秀成的家族成员，也就是说，三安光电的控股股东与管理层是一体的，该公司管理层的运营活动也就直接体现了控股股东的意志。这样的治理结构保证了公司管理层的稳定性和经营目标的一

致性。

从该公司的财务数据可以看出，该公司的净资产收益率连续数年保持10% 以上的增长率，说明该股的成长性极佳，如图 4–7 所示。

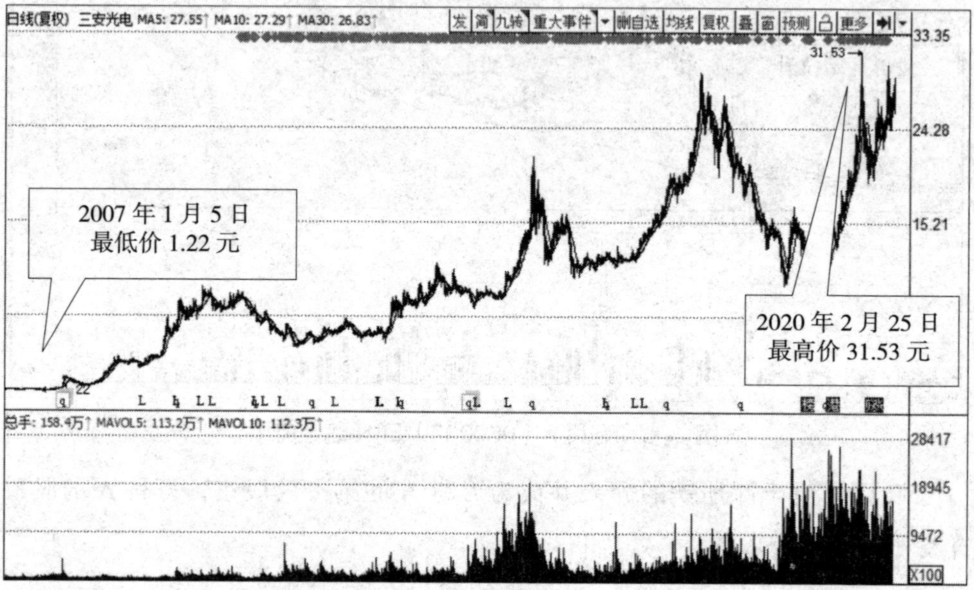

图 4–7　三安光电（600703）日 K 线走势图

从图 4–7 中可以看出，三安光电的股价自 2007 年 1 月初启动上升，到 2020 年 2 月 25 日已经上涨到了 31.53 元。在 13 年的时间里上涨了 20 多倍。

3. 公司有控股股东，但股东并不过问企业管理，委托专人管理公司

公司有控股股东，但不亲自经营企业，而是聘请专业的管理人员来经营管理公司，即由职业经理人负责管理企业。这是一种比较现代的管理模式，真正实现了所有者与经营者的分离。该模式具有如下几个特点：第一，公司的所有者对经营者进行监督，并管控经营目标的完成情况；第二，公司的所有者不干涉管理层的日常经营活动；第三，管理层的稳定性可能会存在一定的不足。当企业的经营目标未完成时，控股股东可能会采取激进的更换管理层的行为。

例如，美的集团股份有限公司创始于 1968 年，是一家以家电制造为主

的大型综合性企业集团，旗下拥有美的电器、小天鹅、威灵控股等三家上市公司。何享健一手创建了美的集团，并拥有绝对的控制权。

何享建退休时，并未将公司交给其子女，而是由方洪波接替成为美的集团的董事长和总经理。从此之后，美的集团正式开启了所有者和经营者分离的治理模式。从该公司的财务报表中可以看出，近几年来美的集团的净资产收益率都在 25% 以上，由此可见，该股具有极佳的成长性。该股的日 K 线走势情况如图 4-8 所示。

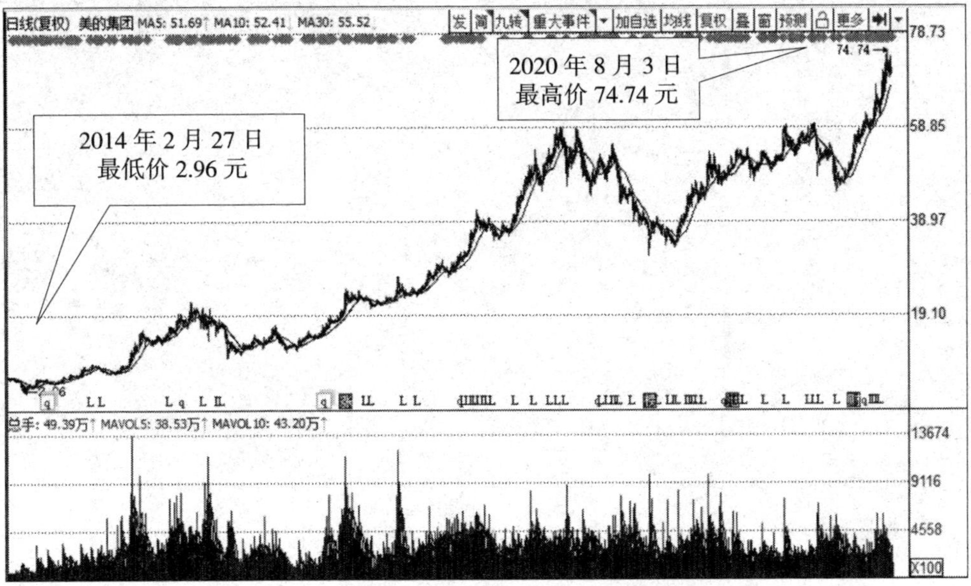

图 4-8　美的集团（000333）日 K 线走势图

从图 4-8 中可以看出，美的集团的股价自 2014 年 2 月 27 日启动上升，到 2020 年 8 月 3 日已经上涨到了 74.74 元。在 6 年的时间里上涨了 20 多倍。

总之，没有最佳的治理结构，只有适合自己企业的治理结构。每种治理结构都有运作成功的典范，也都有失败的案例，关键还是看所有者和经营者的具体情况。

原则十四：坦率的管理层。

投资者可以考察上市公司与投资者之间的互动情况。也就是说，上市公司是否愿意坦诚地与投资者交流、交换意见，对于企业所遇到的困难有无遮遮掩掩等。

目前，在一些股票交易软件的互动页面，都会有上市公司的董秘定期与股民进行互动。

总之，正直而坦率的管理层，总会给人一种值得相信的感觉。

原则十五：正直的管理层。

这是巴菲特选股方略中曾经提及的内容，这里不再做过多的论述。

第五章

祖鲁法则：吉姆·斯莱特的 7 项选股标准

《祖鲁法则》是投资大师吉姆·斯莱特所著的一本关于如何选择成长股的投资类书籍。在该书中，吉姆·斯莱特列举了选择成长股的七大核心标准，其中，他发明的PEG估值法，是应用非常广泛的成长股选股方法。

在《祖鲁法则》一书中，吉姆·斯莱特给出的选股标准如图 5-1 所示。

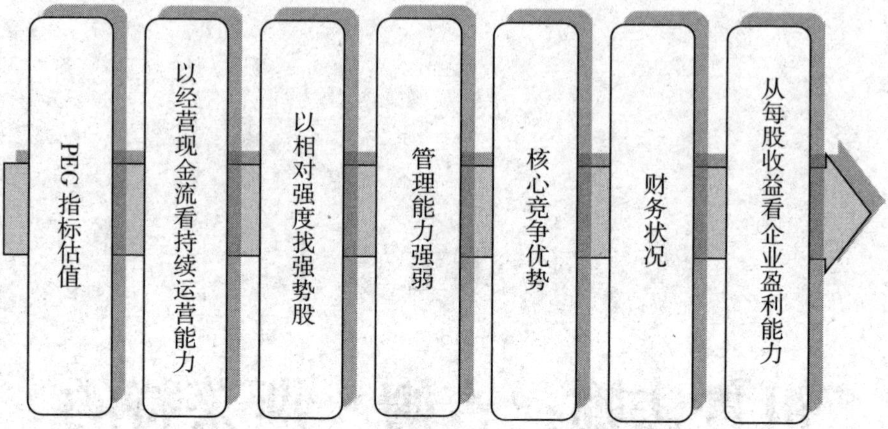

图 5-1　吉姆·斯莱特选股的 7 项基本标准

第一节　用 PEG 法为股票估值

市盈率相对盈利增长率（PEG），是通过上市公司的市盈率除以盈利增长率获得的数值。该指标最先由英国投资大师吉姆·斯莱特提出，后来由美国投资大师彼得·林奇发扬光大。PEG 估值，是吉姆·斯莱特筛选成长股的第一个指标，也是最重要的指标。

一、PEG 的计算与交易含义

在 PEG 估值法出现之前，市场上的投资者普遍喜欢使用市盈率对股票进行估值。不过，市盈率估值只能单纯地告诉投资者一只股票的市盈率高低，却无法反映股票成长速度与估值的关系。事实上，对于高速成长的股票，市场上的投资者普遍愿意为其赋予较高的估值，PEG 法的出现，正好可以弥补这一缺憾。

PEG 计算公式如下：

市盈率相对盈利增长率（PEG）= 市盈率 / 净利润增长率

吉姆·斯莱特将 1 看成 PEG 指标的重要临界值。当投资标的的 PEG 小于 1 时，才有投资的价值，若能小于 0.5 更佳。彼得·林奇也曾经指出，最理想的投资对象，其 PEG 值应该低于 0.5。PEG 在 0.4～1 之间，是安全范围。PEG 大于 1 时，就要考虑该股有被高估的可能。相比于单纯的市盈率数值，PEG 指标更具有可操作性。在具体的实战操作中，投资者需要关注三个重要的节点。

第一，历史 PEG 值。

投资者可对目标标的以往 3 年的 PEG 值进行计算，获得一个历史数据，为判断当前 PEG 值所处的位置提供依据。

第二，计算当前的 PEG 值。

当前 PEG 值用来研判目标标的处于当前价位时是否具有投资价值。一旦发现目标标的的 PEG 值小于 1，小于 0.5 更好，则可考虑执行买入操作。

第三，预测未来的 PEG 值。

预测未来的市盈率和净利润增长率并不容易，投资者可借助其他投资研究机构给出的数值，也可根据企业以往的财务数据进行估算。当然，估算的数值并不要求十分精确。然后，投资者根据估算的数值计算未来的 PEG 值。

二、使用 PEG 指标测算股票的目标价格

通常情况下，以 PEG 为核心测算股票目标价格时，应遵循如下几个步骤，如图 5-2 所示。

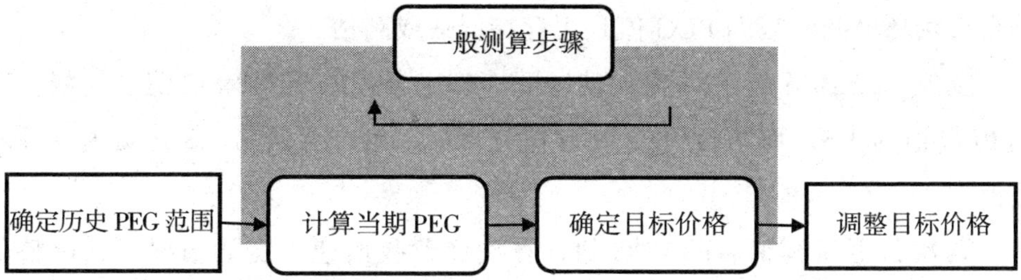

图 5-2　利用 PEG 测算股票目标价格

PEG 估值法相对比较麻烦，需要对标的股票的历史 PEG 值进行测算，然后再结合目标股当前的PEG值确定是否存在高估，进而设定合理的目标值。

第一步：确定历史 PEG 值范围。

这是 PEG 估值法的核心。在选择历史 PEG 值点位时，一般需要重点考虑如下几个点位。

第一，股价的历史最高价对应的 PEG 值。一般来说，股价的历史最高价肯定对应较高的 PEG 值，当然，这也并非是绝对的，毕竟净利润增速不同，PEG 值也会有所不同。

第二，股价的历史最低价对应的 PEG 值。与最高价相似，我们找出历史最低价，也是为了获得相应的较低的 PEG 值水平，但 PEG 值也可能不是最低的。

第三，年终节点。每年结束后，企业会出具新的净利润增速报告，此时 PEG 值就会进行相应的调整。

第二步：计算当前 PEG 值。

投资者利用市盈率和营收增长率两个数据就可以获得当期的 PEG 值。要注意一点，在计算 PEG 值时，所选的市盈率与营收增长值应该属于相同的周期。一般来说，投资者最好使用静态市盈率和上年度营收增长率来计算 PEG，这样出错的概率相对较小。

第三步：股票目标价格的计算方法如下。

利用 PEG 法估算股票目标价格的过程相对复杂一些。

首先，需要根据计算的当期 PEG 值在历史 PEG 值区间内所处的位置，结合市场环境判断当期 PEG 值是否存在低估或高估。

其次，结合历史 PEG 值波动区间，确定合理的当期 PEG 值。比如，当期 PEG 值为 1.5，而结合历史 PEG 值分析后，也许会认为 1.3 是更为合理的数值。

再次，更新调整后的 PEG 值，在确保营收增速不变的情况下，调整市盈率倍数。假如某企业之前的营收增速为 20%，市盈率为 30 倍（每股收益 1.5

元，股价 45 元），则当期 PEG 值为 1.5，经过评估若认为 PEG 值为 1.3 更为合理，则可以将 1.3 代入 PEG 计算公式：

PEG＝市盈率 / 营收增速 ×100%

市盈率＝PEG× 营收增速 ×100%

＝1.3×20

＝26 倍

目标股价＝市盈率 × 每股收益

＝26×1.5

＝39 元

也就是说，目标价格相对当前股价低了 6 元（45 元 –39 元）。

第四，调整目标价格。与其他估值方法相似，投资者也需要根据营收增长率情况的变化和市场环境变化进行适当的调整，并积极调整自己的投资计划。比如，某只股票的股价接近行业天花板，营收速度开始放缓，那么，就不仅仅要根据 PEG 值调整市盈率和目标股价，还可能需要调整 PEG 值，进而影响对目标股价的设定。

三、PEG 估值法的操作要点

投资者使用 PEG 估值法对股票估值时，需要注意这样几个要点。

第一，从某种意义上来说，PEG 估值法与市盈率估值法、市销率估值法在评价股票价格高低方面还是具有明显区别的。当 PEG 值小于 1，甚至小于 0.5 时，股价往往存在一定的低估倾向，这是一个比较理想的投资切入点。行业不同，PEG 值可能也会有所不同，但企业若能保持较快的增长，投资者自然可以接受较高的市盈率，这在投资领域是一个不变的规律。

第二，为高成长性的股票赋予更高的估值，是 PEG 估值法的核心精髓。投资者若能在市场中找到成长性很高，但市盈率又很低的股票，就是发现了最佳投资标的。

第三，这里所说的高成长性是基于未来的，而非现在的或过去的。尽管我们在测算股票价格时，经常会使用当前的净收益增长率，但应该清楚，我们需要面向的是未来。投资者在估值时，需要大致预测自己的候选投资标的未来 3 年的净利润增长率。当然，若投资者预测未来增速有困难，可以选择过去几年的平均增长率作为预测的增长率。然后通过预测的未来增长率，反过来求得目标股价，进而判断当前股价是存在高估还是低估。

第四，剔除一次性的较大幅度的收益波动。在 PEG 估值法中，净收益增长率是一个非常关键的指标，甚至可以说是一个具有决定性作用的指标。因此，当企业净利润增长率出现异常波动时，一定要了解波动产生的原因。特别是这种波动是否具有持续性，是否预示企业业绩出现了拐点。

第二节　以经营现金流判断企业持续运营能力

现金就是企业的生命。价值投资在很大程度上是对一只股票本身现金创造能力的评估。也就是说，价值评估是计算用当前的现金（购入股票支付的现金）能够换回多少未来的现金（股利以及出售股价获得的现金现值）。同时，一家企业要想保证股利支付能力，保持股价上扬，就需要具备较强的经营发展能力（持续的经营现金流入能力）。对于一些企业而言，从账面上来看，可能拥有不错的盈利能力，且账面利润水平较高，但其盈利的大部分可能都停留在应收账款科目中，无法转化为现金。还有一些企业，尽管最近几期报表中显示的现金流入水平较高，却并非企业经营获得的，可能是因为出售资产（有可能导致以后丧失获利能力），也有可能是靠投资获得的现金流入（这种现金流入也无法保证其持续性，而且投资有可能盈利，也有可能亏损）。总之，只有经营性的现金净流入才是评估一个企业造血能力的重要指标。

也正因如此，吉姆·斯莱特将现金流看成是选择成长股的第二个重要参照标准。分析企业经营现金流时，需要从以下几个维度入手。

一、可持续性维度

通常情况下，一个企业的经营性现金流入量会呈现出某些规律性，如平滑而缓慢的增长态势或季度性的放大与萎缩等。若一家企业的经营现金流能够持续放大，则是一个非常好的现象。下面来看一下恒瑞医药的经营性现金流入情况，如图 5–3 所示。

恒瑞医药　600276　最新动态　新闻公告　公司资料　概念题材　股东研究　主力持仓　经营分析　财务概况　股本结构　分红融资　资本运作　公司大事　盈利预测　行业对比

财务诊断　财务指标　指标变动说明　资产负债构成　财务报告　杜邦分析

科目\年度	2019	2018	2017	2016	2015
一、经营活动产生的现金流量(元)					
销售商品、提供劳务收到的现金(元)	232.80亿	171.57亿	140.33亿	131.22亿	104.49亿
收到的税费与返还(元)	--	--	--	--	--
收到其他与经营活动有关的现金(元)	3.27亿	2.62亿	3.45亿	1.38亿	1.54亿
经营活动现金流入小计(元)	236.06亿	174.19亿	143.78亿	132.61亿	106.02亿
购买商品、接受劳务支付的现金(元)	10.85亿	8.57亿	7.23亿	15.19亿	11.94亿
支付给职工以及为职工支付的现金(元)	39.31亿	26.78亿	18.81亿	14.04亿	10.86亿
支付的各项税费(元)	24.28亿	28.37亿	23.85亿	20.63亿	17.39亿
支付其他与经营活动有关的现金(元)	123.46亿	82.73亿	68.42亿	56.82亿	43.06亿
经营活动现金流出小计(元)	197.90亿	146.45亿	118.30亿	106.68亿	83.25亿
经营活动产生的现金流量净额(元)	38.17亿	27.74亿	25.47亿	25.93亿	22.77亿

图 5–3　恒瑞医药历年经营现金流量净额

从图 5–3 中可以看出，恒瑞医药近几年的经营现金流量净额一直呈稳定增长态势，这也从侧面反映出企业经营情况较佳，未来成长性仍然可期。

关注现金流的可持续性，还需要注意这样两点。

第一，关注现金到期债务比。这也是反映企业运营质量的一个重要指标。这里的到期债务主要包括一年内将要到期的长期借款和应付票据等。这里的现金选用的范围，为经营活动产生的现金流量金额，该指标反映了企业通过自身所创造的现金流偿还债务的能力。也就是说，该指标值越高，企业的偿债能力越强，企业的经营也越稳定。

第二，关注异常现金净流入情况。前面说过，一个企业的经营状况良好时，经营性的现金流量净额会呈现比较稳定的增长态势，若某家企业的经营性现金流量净额出现异动，则应分析其背后的原因：一种情况属于企业的业绩来到了快速上升或下降的拐点，未来现金流有加速流入或流出的可能；另一种情况可能属于企业遇到了某些突发性事件，影响了经营性现金流的流动情况，也就是企业经营遇到了某些突发性的问题。

下面来看一下中兴通讯最近几年的经营性现金流量净额数据，如图 5–4 所示。

中兴通讯 000063

科目\年度	2019	2018	2017	2016	2015
一、经营活动产生的现金流量(元)					
销售商品、提供劳务收到的现金(元)	955.58亿	905.84亿	1155.79亿	1135.52亿	1072.40亿
收到的税费与返还(元)	44.09亿	63.30亿	79.70亿	74.48亿	72.39亿
收到其他与经营活动有关的现金(元)	53.72亿	46.53亿	35.16亿	32.31亿	33.84亿
经营活动现金流入小计(元)	1053.39亿	1015.67亿	1270.65亿	1242.31亿	1178.62亿
购买商品、接受劳务支付的现金(元)	637.70亿	654.60亿	781.11亿	843.25亿	785.62亿
支付给职工以及为职工支付的现金(元)	156.05亿	207.92亿	196.83亿	176.52亿	155.19亿
支付的各项税费(元)	78.21亿	61.41亿	73.11亿	79.06亿	74.44亿
支付其他与经营活动有关的现金(元)	106.96亿	183.90亿	147.40亿	90.87亿	89.33亿
经营活动现金流出小计(元)	978.93亿	1107.82亿	1198.45亿	1189.70亿	1104.58亿
经营活动产生的现金流量净额(元)	74.47亿	-92.15亿	72.20亿	52.60亿	74.05亿

图 5–4　中兴通讯历年经营现金流量净额

从图 5–4 中可以看出，中兴通讯的经营性现金流量净额最近几年保持在较高的水平，但在 2018 年却出现了异常下滑（事实上，2016 年相比 2015 年也出现了下滑，但幅度较小），其流量净额出现了负数，且数额较大。考虑到 2018 年发生的中美贸易战，以及美国政府对中兴的制裁和罚款，似乎就比较容易理解现金流下滑的原因了。

二、净利润现金含量

净利润现金含量，前面章节已经有所提及，这里再回顾一下其基本交易含义。

第一，净利润现金含量大于或等于 1。这是一种非常完美的状态，说明企业在市场上具有较强的竞争能力，能够将账面利润全部转化为现金。

第二，净利润现金含量小于 1。这种情况说明企业的经营现金净流量要低于净利润。若此状态持续一段时间，则说明企业有很多应收账款可能无法收回，企业真实的利润水平要远远低于账面数值。

第三，净利润现金含量为正数，但净利润和经营现金净流量全部为负数。这说明企业的经营遇到了较大的困难，若这种情况不改善，企业未来可能难以经营下去。

第四，净利润现金含量为负数，且经营现金净流量为负数。这说明企业的经营状况不佳，在某些方面的支出可能失去了控制。

如图 5-5 所示，为乐普医疗的经营现金流与净利润数据。

每股指标	2019	2018	2017	2016	2015	2014
基本每股收益(元)	0.9746	0.6840	0.5053	0.3913	0.3208	0.5212
每股净资产(元)	4.20	3.57	3.61	3.11	5.51	3.87
每股资本公积金(元)	0.0012	0.05	0.64	0.64	2.24	0.93
每股未分配利润(元)	3.04	2.16	1.64	1.25	1.98	1.67
每股经营现金流(元)	1.12	0.84	0.51	0.39	0.50	0.43

图 5-5　乐普医疗经营现金流与净利润数据

从图 5-5 中可以看出，乐普医疗最近几年的每股经营现金流都要高于每股收益。以 2019 年为例，当年每股经营现金流为 1.12 元，而每股基本收益为 0.9746 元，则净利润现金含量为：

净利润现金含量 =1.12 元 /0.9746 元

=1.15

按照之前的分析，当某只股票的净利润现金含量大于 1 时，说明这家企业的竞争力非常强。很明显，乐普医疗就是这样一家企业。按照吉姆·斯莱特的选股标准，只有当净利润现金含量大于 1（即每股经营现金流超过了每股收益，若能在过去 5 年内都是如此更好）的企业，才能成为其候选标的股票。

第三节 以相对强度找强势股

在吉姆·斯莱特的理论体系中，他选择的股票不仅要质地优良，成长性好，还要处于强势上行区间，至少在最近一段时间内，目标股票的走势不能弱于平均水平。在对比股票走势强弱时，吉姆·斯莱特还给出了两个重要的时间节点。

一、12个月相对强度

12个月相对强度，是指选择的目标股票在过去12个月里与市场平均走势相比处于强势地位。按照吉姆·斯莱特的思想，哪怕强于0.1%也可以，但是一定要强于市场平均水平，这是验证股票后续能否保持强势的关键。

对于一只股票来说，12个月是一个相对较长的时间。若股票因某种原因在某个或几个月份中出现下跌都是可以理解的，若12个月内仍不能战胜市场平均水平，那就说明这只股票的强弱还有待于进一步确认。

在实战中，可以以沪深300指数作为目标股票强度的参照标的。一只股票若在过去12个月里走势强于沪深300指数，才能通过本轮的筛选。下面来看一下乐普医疗的日K线走势图，如图5-6所示。

从图5-6中可以看出，乐普医疗最近12个月的涨幅为58.03%，而沪深300指数的涨幅仅为27.47%。这说明乐普医疗的股价走势在12个月内远远强于沪深300指数，也就是强于整个大盘的走势。这也说明乐普医疗是一只非常不错的候选目标股票。

二、最近一个月相对强度

除了要在12个月里展现应有的强度之外，最近一个月内的走势也不能弱于市场平均水平，这也是祖鲁法则中对备选股票的要求。事实上，相对而言，

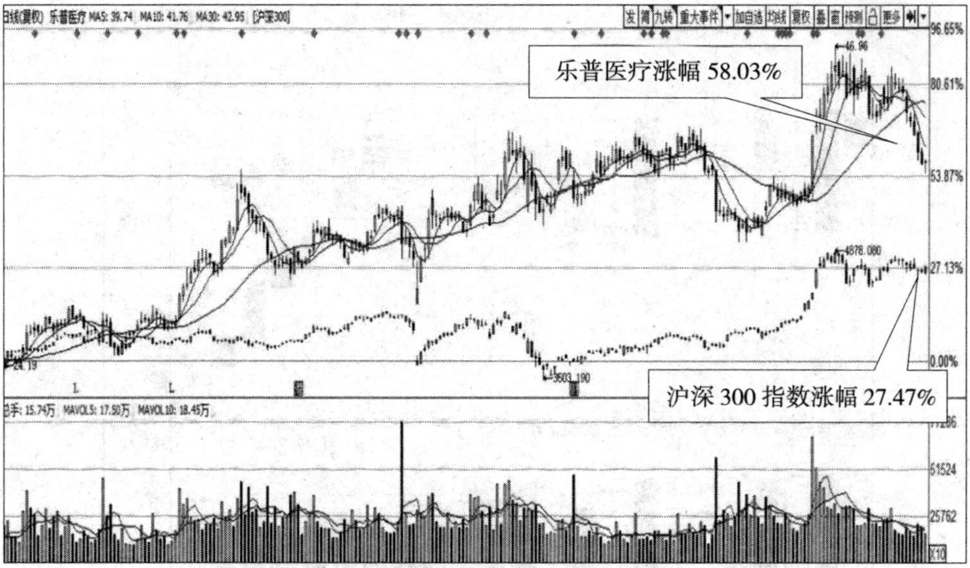

图 5-6　乐普医疗与沪深 300 指数走势对比图

这一条款在执行时可以稍稍放宽。比如，一只股票尽管最近一个月的走势弱于市场平均水平，但若在最近 3 个月内的走势强于市场平均水平，也是可以接受的。也就是说，在吉姆・斯莱特的理论体系中，最近一个月的强度指标要弱于 12 个月内的强度指标。

再看一下乐普医疗的案例。先来看一下乐普医疗过去一个月的走势情况，如图 5-7 所示。

从图 5-7 中可以看出，乐普医疗最近一个月内的走势要弱于沪深 300 指数，也就是说，乐普医疗并不符合此条选股标准。当然，投资者也可以将评估周期放宽至 3 个月，重新对比目标股票的走势强度，如图 5-8 所示。

从图 5-8 中可以看出，乐普医疗在最近 3 个月内的走势仍然弱于沪深 300 指数，也就是说，乐普医疗还是不符合此条选股标准。

当然，对于该条标准，在有些情况下，特别是在熊市时，经常会出现优质股票被错杀的情况。因此，投资者在实战中还要把握一定的尺度。

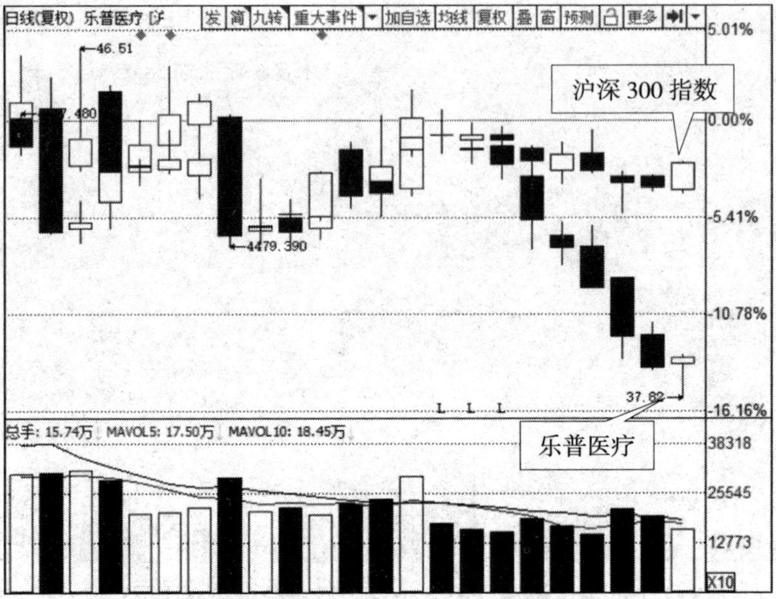

图 5-7 乐普医疗与沪深 300 指数最近一个月的日 K 线走势对比图

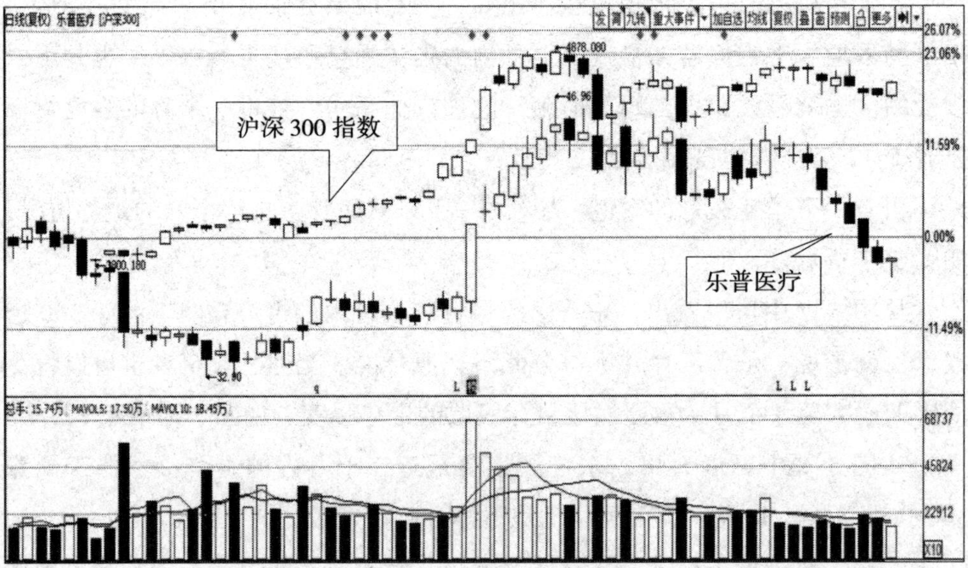

图 5-8 乐普医疗与沪深 300 指数最近 3 个月的日 K 线走势对比图

第四节　其他四项标准

由于其他四项标准在前面章节中都有所涉及，本节只做简单的介绍。

一、管理能力

在判断企业管理能力方面，企业收益增长情况是最重要也是最核心的指标。一家企业的经营业绩与盈利数据保持强劲的增长，是最能说明企业管理能力的。除此之外，投资者还可以从这样几方面了解企业的经营与管理情况。

第一，每年的股东大会。中小投资者也可以在线参与一些企业的股东大会。当然，中小投资者能够参与的程度，也能够反映一个企业的管理水平、企业与投资者的关系等。

第二，董事会的构成以及企业的治理结构。这一点在前面有所涉及，这里不再做过多的介绍。

第三，高层管理团队的稳定性。稳定的管理团队，并不意味着这个团队经营很成功，但频繁更换管理团队的企业，肯定在经营方面存在问题。

第四，利润目标达成程度，也是能够反映企业经营成效的重要指标。

二、核心竞争优势

在评估企业核心竞争优势方面，吉姆·斯莱特重点提及了企业的品牌、专利权、垄断性优势、行业地位等方面。企业品牌、专利权与垄断性优势，在巴菲特的理论体系中都有所涉及，这里再强调一下企业的行业地位。

在股市中，即使某一行业受利好刺激进入上升通道，行业内股票的上涨幅度和持续时间也是有所不同的，因为资金总是会特别偏爱行业内的龙头股或领袖企业。其实，这里有一个最基本的逻辑，即数量较少的行业内龙头企业往往会收割这个行业大部分的利润，也就是说，企业所处的行业地位不同，获利能力也会存在差距。我们对企业行业地位的划分，更多地是从股票投资的角度划分的。如图 5-9 所示。

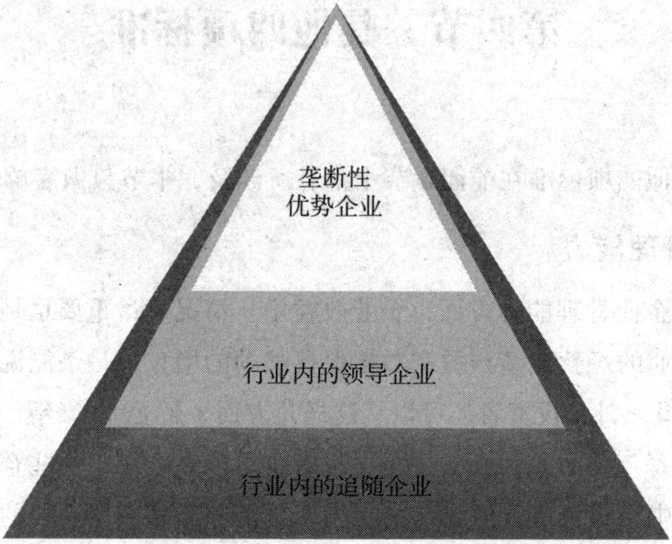

图 5-9　企业在行业内所处的地位

第一类：垄断性优势企业。

这类企业是整个行业市场内的霸主，企业的发展空间和潜力几乎可以等同于行业的发展空间和潜力。只要行业还有发展的空间，企业的成长就拥有足够的空间。这类企业一直是股市中各类资金竞相追逐的对象，当然，股价往往也不会太便宜，如调味品行业中的涪陵榨菜、安琪酵母等；医药行业中的长春高新等，都属于典型的垄断性企业。通常情况下，只要行业和企业的成长逻辑仍然存在，企业遭遇突发性利空事件往往都是投资者入场的良机。

第二类：行业内的领导企业。

在很多行业中，并未形成事实上的垄断型企业，而是有为数不多的几家优势企业居于主导地位，并分享该行业内的绝大部分利润。这类企业拥有较高的毛利率和净资产收益率，每年的收益也处于较佳的水平。相比较而言，这类行业的竞争性更强，也更容易产生一些比较伟大的企业，如白酒领域中的贵州茅台、五粮液、泸州老窖等，家电行业中的格力电器、美的集团、海尔智家等，医药行业中的恒瑞医药等。

第三类：行业内的追随企业。

相比较而言，行业内的追随企业永远都是大多数。这类企业的收益水平往往会大幅低于垄断企业和领导企业，很多企业甚至只能在亏损的边缘挣扎。也就是说，年度亏损和年度盈利经常交替出现。当然，若其中个别企业研发出具有较强竞争力的产品或技术，也可能逆袭成为行业的领导者或垄断者。

总之，企业在行业内的地位决定了其获利能力与盈利水平。投资者在选择股票时，需要在了解行业发展潜力后，优先收集行业内的垄断者和领导者企业名单，以为未来的投资决策作参考。

投资者应该清楚，无论企业具备多强的核心竞争能力，还是要以其获得的利润情况来做最终评价。吉姆·斯莱特与巴菲特一样，选择了净资产收益率作为资本运营效率的评价指标。他将20%作为一家企业运营是否优秀的评价标准，也就是说，只有净资产收益率超过20%的企业，才能谈得上在竞争中处于优势地位，否则，所有的优势都是没有意义的。

三、财务状况

在财务状况维度，吉姆·斯莱特最看重的指标是资产负债率。他认为，当一家企业的资产负债率超过50%时，就需要给予特别关注。当然，这也不能一概而论，通常情况下，在金融、地产等领域的企业，普遍存在资产负债率较高的情况，这与行业特点有关。对于一般行业内的企业来说，超过50%的资产负债率确实值得重点关注。

除了资产负债率之外，吉姆·斯莱特还格外重视这样几个指标，如图5-10所示。

1. 速动比率

速动比率是企业速动资产与流动负债的比值，反映了企业流动资产立即变现偿还流动负债的能力。

企业的速动资产中涵盖了扣除存货或在产品、预付款项外的流动资产。当然，在实际计算中，也可能会扣除其他流动资产项目的金额。其基本公式如下：

速动比率 =（流动资产 – 存货）/ 流动负债

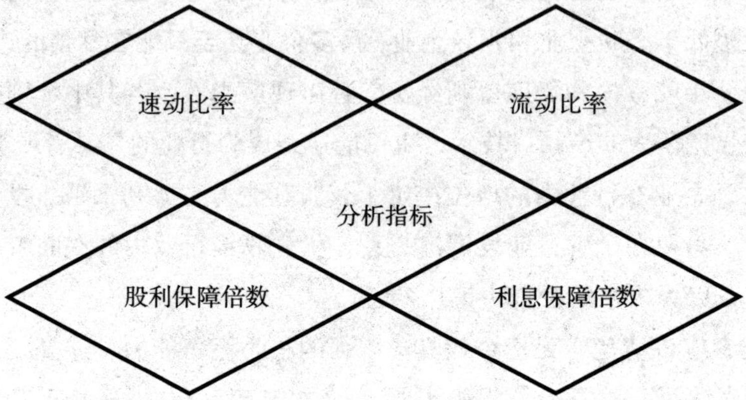

图 5–10　反映财务状况的核心指标

一般来说，我们会将速动比率为 1 看成是一个很重要的分界线。当速动比率大于 1 时，说明企业偿债能力极强；反之，与同类竞争对手相比，速动比率很低，且仍在恶化，则意味着企业可能会采取相应的筹资活动，包括股权融资或债权融资等。

2. 流动比率

流动比率是一个与速动比率相似的概念，它可以反映流动负债受到流动资产保护的程度。其计算公式如下：

流动比率 =（流动资产 – 存货）/ 流动负债

在评估流动比率的数值时，也与速动比率有所不同，一般会将 2 作为公司财力强弱的参照标准。若流动比率低于 1.25，则说明企业在偿债能力方面存在一定的风险，财力相对较弱。

下面来看一下通化东宝的相关数据，如图 5–11 所示。

从图 5–11 中可以看出，通化东宝的整体偿债能力非常强，资产负债率仅为 6.38%，而速动比率高达 3.49，流动比率高达 6.32，这都是企业财务能力较强的一种表现。

偿债能力指标	2019	2018	2017	2016	2015	2014
流动比率	6.32	3.29	12.80	3.46	1.59	2.85
速动比率	3.49	1.46	5.11	1.11	0.61	1.37
保守速动比率	3.20	1.46	5.11	1.11	0.61	1.37
产权比率	0.07	0.15	0.05	0.19	0.53	0.37
资产负债比率	6.38%	13.34%	4.53%	15.61%	34.56%	26.92%

图 5–11　通化东宝偿债能力指标

3. 利息保障倍数

利息保障倍数是反映企业年度盈利与利息支付之间关系的一个指标。利息保障倍数越高，说明企业财务状况越好；反之，利息保障倍数恶化，则说明企业可能需要进一步筹资。

利息保障倍数的计算公式如下：

利息保障倍数 = 息税前利润 / 每年的利息总额

比如，通化东宝 2019 年息税前利润总额为 9.52 亿元，而当年的利息支出总额为 2056 万元，则利息保障倍数为：

利息保障倍数 =9.52 亿元 /0.2056 亿元

=46.3 倍

这是一个非常高的数字，说明企业的利息保障倍数非常健康，财务状况良好。

4. 股利保障倍数

股利保障倍数，反映了企业所支付的股利受到盈余的保障程度。在吉姆·斯莱特的理论中，企业的盈余数据使用的是历史盈余，而在我们的计算中，一般使用的都是当年的盈余。

在很多股票交易软件中，关于股利保障方面的指标给出的都是股利支付率。其实，在不考虑历史盈余的前提下，股利支付率与股利保障倍数正好呈倒数关系。

股利保障倍数 = 每股盈余 / 每股股利

= 1/ 股利支付率

例如，通化东宝在 2019 年的股利支付率为 50%，则其股利保障倍数为：

股利保障倍数 = 1/50%

= 2 倍

尽管最近几年 A 股上市公司开始提倡现金分红，使得企业分红比例有所提升，但从整体来看，企业分红水平仍旧较低。因而，通过股利保障倍数筛选股票，在 A 股市场上只能作为一般性的参考指标。

四、每股收益

关于每股收益指标，在基本面选股方法中曾经有过介绍。在吉姆 · 斯莱特的理论中，除了要求投资者重视企业的每股收益外，还要重点分析企业每股收益的增长情况。比如，投资者可以通过查阅一些投资研究机构给出的未来每股收益的预测值，找寻那些每股收益增长速度较快的企业。

第六章

K 线突破形态选股方略

前面介绍的几种选股方法，都属于基于股票内在价值的选股策略，本章所介绍的K线形态选股方略，则完全是从价格形态方面进行选股。

从趋势投资的角度来看，当股票价格形态展现出明显的上升趋势时，那么，未来股价继续保持这种趋势的概率会很高。因此，当一些经典K线形态展现出明显的突破上升态势时，则意味着股价即将进入上升通道，此时是投资者入场选股的最佳时机。

由于K线形态较多，突破形态的K线形态也非常多，本章仅列举了其中比较有代表性的几种形态，以供读者参考。

第一节　K线突破形态选股

K线完全突破某一重要位置，往往意味着股价将会进入新一轮上升行情，此时若成交量同步放大，则可增加突破的有效性。选择这类完全突破的股票，未来获利的概率要大于其他股票。

一、突破重要点位（价位）

通常情况下，主力拉升股价突破重要点位（价位）时，都需要消耗大量的资金，而一旦主力选择了拉升，就意味着其还将继续向上拉升。这也是为何股价突破阻力位后，往往会迎来一波上涨走势的原因。这些重要点位（价位）的形成主要基于两个主要原因：第一，现实中的筹码堆积；第二，投资者的心理因素。

现实中的筹码堆积区，一般都是前期高点所在的位置。很多投资者在此位置买入股票后，股价随即开始下跌，于是被套牢其中。当股价重新自低位上涨至该位置时，很多深套其中的投资者眼看解套时机来临，必然纷纷卖出手中的股票，股价很可能会因抛盘过重而回落。这也是前期高点位置成为重要阻力位的原因所在。

股价突破这类由大量现实筹码堆积所形成的点位（价位）时，需要注意这样几点。

第一，放量。股价向上突破这些点位时，成交量放大是其最主要的特征。只有成交量放大，才能说明主力有足够的实力吸纳先前的套牢盘，未来才可能继续向上拉升股价。通常情况下，成交量可能会比前一交易日放大若干倍。

第二，股价大幅拉升甚至可能出现涨停板。股价向上突破这些点位时，势必会出现激烈的多空交锋，要么多头败退，此点位将强化阻力位的作用；要么空头败退，多头趁势拉出涨停板。

第三，股价向上突破前，各类技术指标早已发出买入信号，甚至可能会发出超买信号。

下面来看一下兆驰股份的案例，如图 6-1 所示。

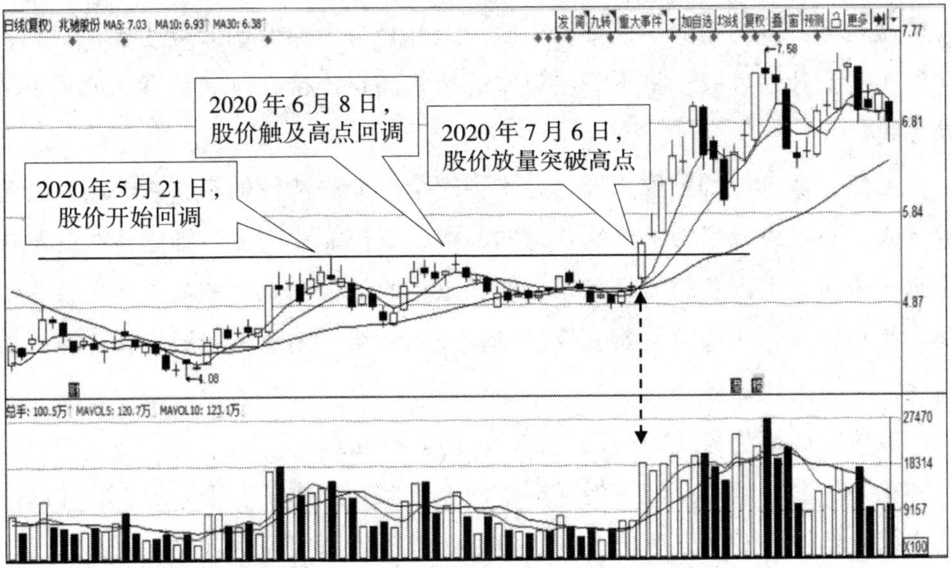

图 6-1 兆驰股份（002429）日 K 线走势图

如图 6-1 所示，2020 年 5 月 21 日，兆驰股份的股价在创下一个阶段高点后出现下跌走势，其后，又出现了振荡反弹行情。6 月 8 日，该股股价经过多日盘整后，再次触及 5 月 21 日的高点位置，但因该高点的强大阻力而重新步入下跌通道。

2020 年 7 月 6 日，兆驰股份的股价在横向盘整一段时间后出现走强态势，并以放量上涨的方式突破了前期高点，说明股价将走出一波上涨行情。

对于使用K线形态选股的投资者而言，可在突破后次日股价调整时择机入场。

二、突破趋势线

趋势线是根据股价运行过程中形成的高点或低点而绘制的能够反映股价走势规律的直线。趋势线主要是根据道氏理论中股价运行趋势理论绘制的。

股价的运行趋势主要包括3种：上升趋势、下降趋势和水平趋势。在股价运行过程中，如果出现的每个波峰与波谷都高于前一个波峰与波谷，就形成了上升趋势；如果每个波峰与波谷都低于前一个波峰与波谷，就形成了下降趋势；如果前后的波峰与波谷基本持平的话，就形成了水平趋势，或者称为横盘趋势、振荡趋势。投资者将股价上升趋势中的回调低点连接在一起，就构成了上升趋势线；将下降趋势中的反弹高点连接在一起，就构成了下降趋势线。

当然，从选股的角度出发，并不会完全按照趋势线的定义来绘制上升趋势线或下降趋势线。为了选到合适的股票，我们需要按照下降趋势线的画法绘制一条向右上方倾斜的趋势线，即通过将股价振荡走高的高点相连接，绘制一条趋势线。如果股价能够放量突破该趋势线，则意味着股价将迎来一波幅度较大的上升走势。

股价突破该趋势线的操作要点，包括如下几点。

第一，股价经过一波缓慢或振荡的上升后，形成了若干高点，将这些高点连接，就构成了一根股价上升的阻力线。股价每次到达该位置时，都可能因为遇到阻力而回调。

第二，股价向上突破该趋势线时，需要成交量放大相配合。也就是说，只有成交量出现放大，才能认定股价对趋势线的突破为有效突破。

第三，该趋势线对股价的阻力作用越强，股价完成突破后，上涨的幅度才能越大。

第四，股价偶尔向上突破趋势线，且很快回到趋势线下方，并不能认定突破有效。

下面来看一下兴森科技的案例，如图6-2所示。

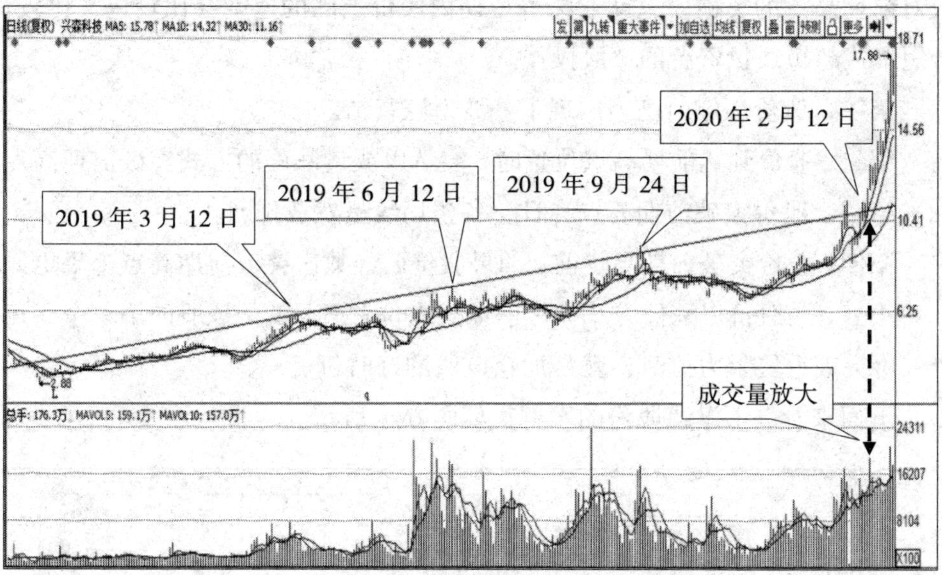

图6-2　兴森科技（002436）日K线走势图

如图6-2所示，自2019年年初开始，兴森科技走出了一波振荡上升走势。在振荡上升过程中，股价曾于2019年3月12日、6月12日和9月24日出现了加速上升走势，不过，当股价上升至某一高点位置后都出现了回调。投资者将3月12日、6月12日和9月24日的高点用直线相连接，绘制一条趋势线，这条趋势线就是股价上升的压力线。

2020年1月，兴森科技的股价再次来到趋势线附近，因受趋势线的压制而出现了短暂的回调，给人一种即将遇阻回落的感觉。其后的2月12日，该股股价放量向上突破该趋势线，这属于典型的加速上升信号，投资者可考虑加仓买入该股。

其后，该股发动了一波快速上涨行情。

三、涨停过顶：突破前高

涨停过顶是一个重要的买入信号。股价涨停过顶的同时，如果均线能呈多头排列，那么，股价上涨的概率非常大。从某种意义上来说，涨停过顶其实就是K线突破重要点位的一种特殊形态。不过，股价K线以涨停形式完成对前期高点的突破，也就意味着短期内股价上涨的速度会比较快，比较适合短线或超短线投资者的选股操作。

第一，股价涨停前已经出现了一波上涨行情。

第二，股价到达前期高点位置时，突然以放量涨停的方式突破前期高点。

第三，股价突破前期高点当日，各条均线呈发散排列。

第四，股价突破前期高点前，如果股价已经数次突破前期高点未果更好。

第五，当股价以涨停方式突破前期高点位置时，就是该股的第一个买点。当股价突破重要阻力位时，就是加仓该股的好时机。

下面来看一下汉缆股份的案例，如图6-3所示。

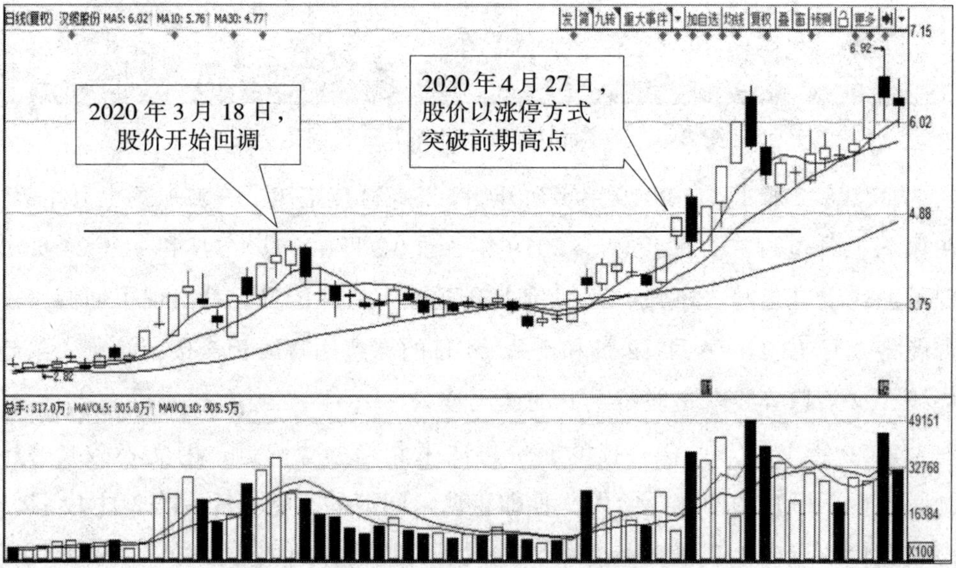

图6-3 汉缆股份（002498）日K线走势图

如图6-3所示，2020年3月18日，汉缆股份的股价在创下一个前期高点后出现下跌走势，其后又出现横向振荡行情。

2020年4月底，汉缆股份的股价在缓慢上涨一段时间后出现走强态势，其后，4月27日，股价以缩量涨停的方式突破了前期高点，说明股价将走出一波上涨行情。

需要注意，该涨停是一个高开高走的涨停板，且在早盘开盘不久后就封上了涨停板，这种形态说明筹码锁定情况良好，股价未来还有继续上行的空间。

第二节　经典底部形态选股

当 K 线在底部区域盘整一段时间后，即将走出底部区域时，往往会形成某种特定的突破形态，如经典的底部形态等。投资者可利用这些经典的底部突破形态完成选股操作。通常情况下，借助 K 线底部突破形态选择的股票，比较适合进行中期波段操作。一般来说，在底部盘整时间越长的股票，未来上涨趋势持续的时间也越久。

一、突破低位盘整区域

将 K 线突破底部盘整区域这一信号与均线和成交量形态相结合，就会较容易地在股价启动的第一波捕获该股。

1. 形态特征

K 线在前一波下跌行情结束之后，并未立即反弹向上，而是走出了一波横向盘整走势，其后，股价向上突破盘整区域，意味着股价即将启动反弹行情，这属于典型的买入信号。如图 6-4 所示。

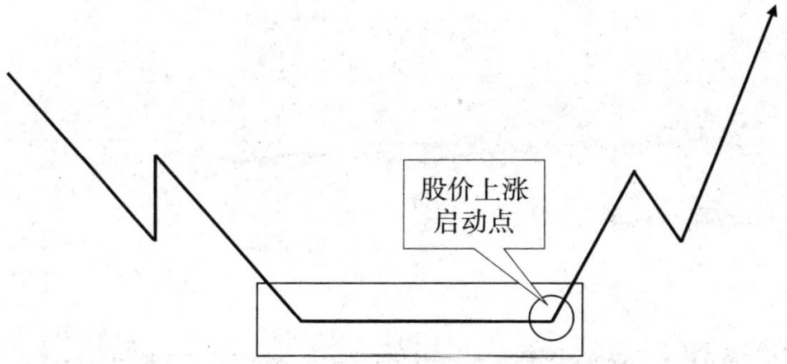

图 6-4　底部横盘调整形态

2. 操作策略

第一，K 线底部横向盘整发出的是行情由坏转好的反转信号，如果股价在上涨过程中能够伴随有成交量的放大，则行情发生反转的可能性更大。

第二，当股价上涨到下跌之前某一反弹高点时，上涨会遇到一定的阻力，这时候反弹存在结束的可能。股价如果能够突破这一阻力位，则上涨很有可能会继续。投资者此时就可以大胆买入股票了。

第三，股价向上突破盘整区域时，K 线也会同步突破多条均线，而各条均线会由黏合状态转为多头发散排列，这也是典型的买入信号。

第四，股价横向盘整过程中，成交量会呈现出萎缩状态，股价突破盘整区域时，成交量会出现逐级放大的态势。

第四，很多股票在底部盘整一段时间后，在即将拉升前，会反向向下挖一个坑，很多投资者将其看成是股价即将下跌的前奏，纷纷卖出股票，之后股价不跌反涨，正式开启上升走势。

第五，投资者按照 K 线突破底部横盘调整形态买入股票后，可以将止损位设置在底部横盘区域的最低价，一旦股价跌破这一位置，就要迅速卖出股票止损。

下面来看一下山西证券的案例，如图 6-5 所示。

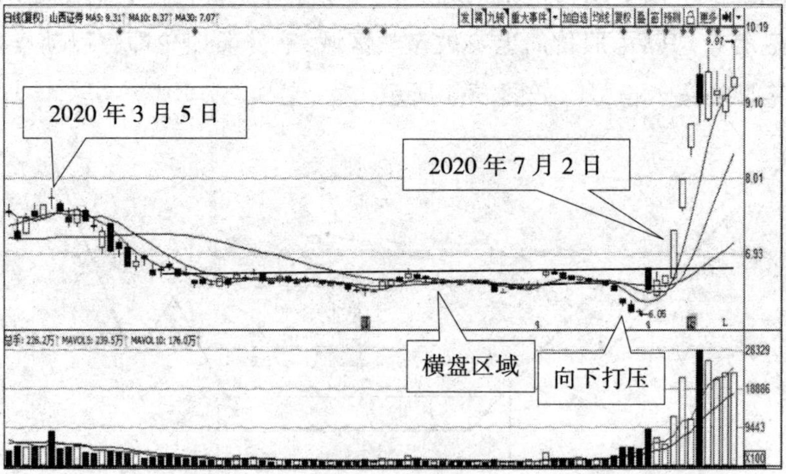

图 6-5　山西证券（002500）日 K 线走势图

如图6–5所示，山西证券的股价自2020年3月初启动了一波下跌走势。2020年4月到6月期间，山西证券的股价一直在底部区域横向盘整，股价波动幅度非常小。

此后，在2020年6月下旬，山西证券的股价突然被大幅向下打压，给人一种即将破位下跌的感觉。很多投资者由于担心股价继续走低，纷纷卖出手中的股票，而此时恰是黎明前的最后黑暗。

此后，该股股价跳空高开回归横盘价位。7月2日，该股K线放量上攻，并一举突破多条均线，以涨停板报收，标志着股价重新回归强势。先前卖出股票的投资者，也可以择机重新买入该股。

二、突破V形底

K线V形底属于典型的底部信号，将这一信号与均线、成交量形态相结合，可以帮助投资者在股价启动的第一时间买入该股。

1. 形态特征

V形底，又称尖底，出现在一段下跌行情的末尾。在一段下跌行情的尾端，股价突然快速下跌，在下跌到一定幅度时，股价掉头向上，开始上涨。上涨与下跌之间完全没有经过盘整，行情反转速度非常快，常常在几个交易日内完成。V形底的买点在启动快速下跌的位置，一旦股价突破这一位置，投资者就可以选择买入。如图6–6所示。

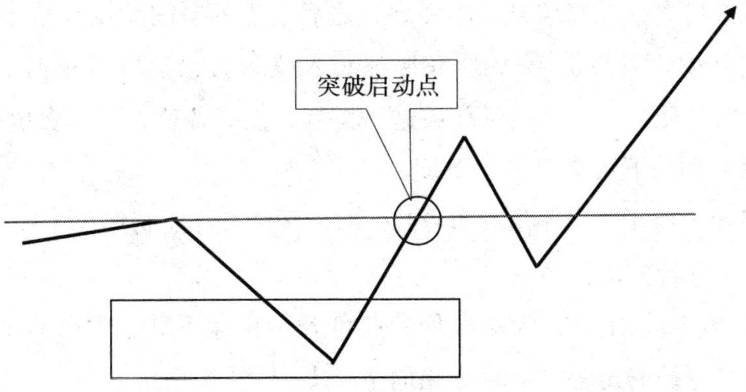

图6–6 V形底形态

2. 操作建议

V 形底的出现往往源于突发性的利好消息，因而对其走势的判断较为困难。但不可否认的是，它是一个较为强烈的底部信号。投资者需要高度关注，有效把握。

第一，当股价已经下跌了一段时间后，出现 V 形底形态，则反转信号的可靠性较高，投资者可以在底部放量反弹时积极买进，但要控制好仓位。

第二，当股价上涨到 V 形底启动快速下跌的价位时，可能会遭受一定的阻力，从而出现横盘整理平台，形成 V 形底的扩展形态，如图 6–7 所示。这是因为部分投资者对股价的上涨仍缺乏信心，但是一旦突破这一阻力位，股价仍有很大的上涨空间，所以，投资者可以在向上突破平台后大胆买入。需要说明的是，这一整理平台有时可能不会出现。

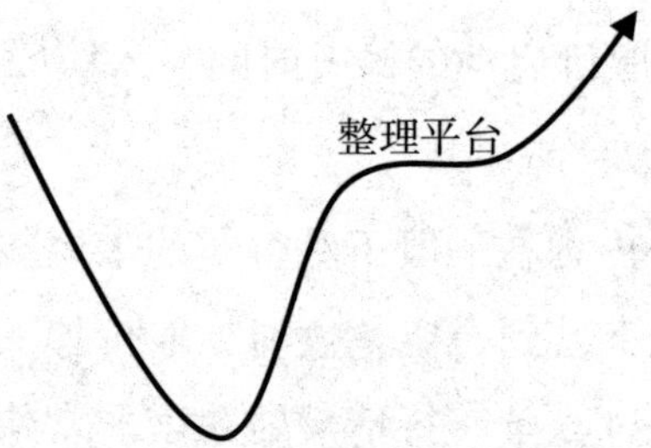

图 6–7　V 形底的扩展形态

第三，在 V 形底形成过程中，股价上涨的同时会伴随着成交量的明显放大。成交量越大，看涨信号就越强烈，之后上涨的空间就越大。

第四，投资者按 K 线 V 形底形态买入股票后，可以将止损位设置在 V 形底区域的最低价，一旦股价跌破这一位置，投资者就要迅速卖出股票止损。

下面来看一下大华股份的案例。

如图 6–8 所示，大华股份在 2020 年 5 月到 6 月期间形成了 V 形底形态，预示股价将反转向上。

2020 年 5 月 11 日，大华股份的股价开始快速下跌，之后几个交易日也延续了这种下跌的走势，股价一路向下。

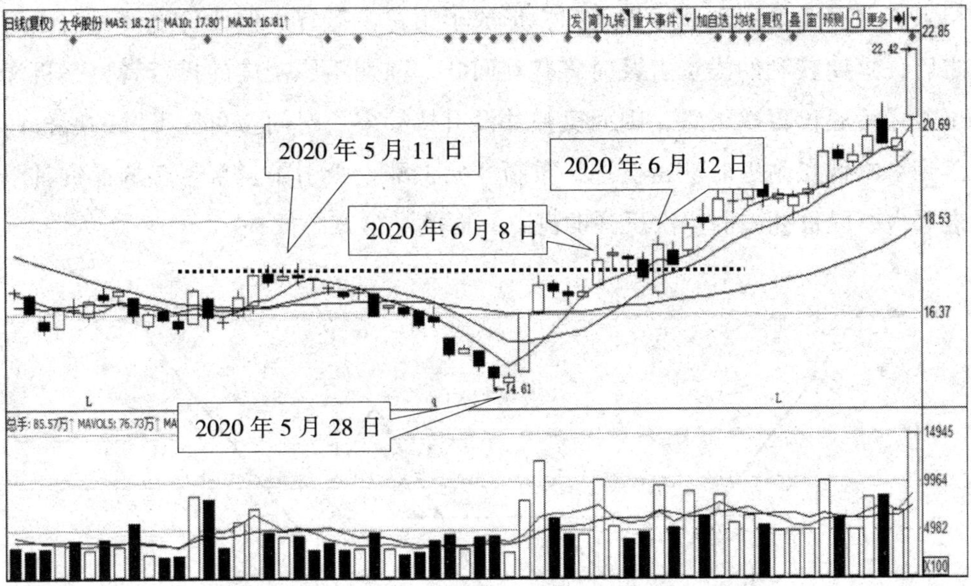

图 6-8　大华股份（002236）日 K 线走势图

2020 年 5 月 28 日，该股股价触底反弹，并一路上行。到 2020 年 6 月 8 日，股价来到 V 形底下跌起始位附近，此后，该股股价出现了几个交易日的振荡。此时投资者可保持观望，一旦股价在该位置站稳，则可跟随入场。

2020 年 6 月 12 日，大华股份的股价低开高走，收出一根大阳线，且该 K 线的收盘价已经创出反弹的最高收盘价，投资者可考虑入场买入该股。

三、突破 W 形底颈线

W 形底属于典型的底部信号，将这一信号与均线、成交量形态相结合，可以帮助投资者在股价启动的第一时间买入该股。

1. 形态特征

W 形底，又称双重底，出现在一段下跌行情的末尾，该形态有两个明显的价格低谷，且两个低谷的最低点大致处于同一价位上，形状就像是一个英文字母“W”。如图 6-9 所示。

W 形底的形成经历了这样的过程：股价下跌到一定的价位水平后，由于股价太低，持股的投资者不愿割肉，而一些持币的投资者受到低价吸引尝试买入，因而股价出现技术性反弹，形成了第一个低谷。但股价上涨一定幅度之后，短期获利的投资者及时将获利回吐，前期不愿割肉的投资者也趁机卖出，之后股价再次下跌，因而反弹并没有持续多长时间。再次下跌的股价回落到上次低点附近时获得支撑，重新开始上涨，吸引了越来越多的投资者跟进买入，股价冲破前一次反弹的高点，形成了第二个低谷。

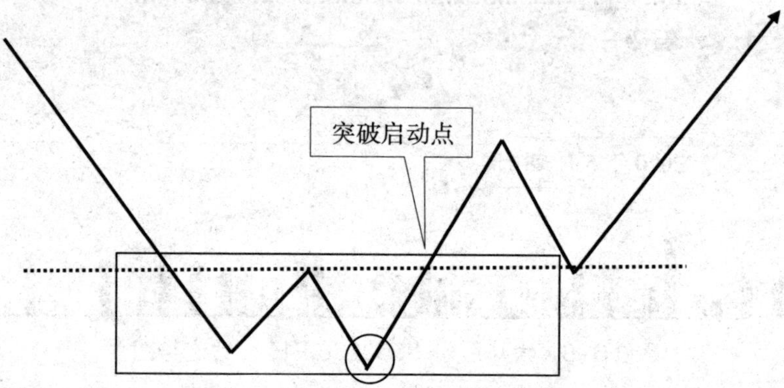

图 6-9 W 形底形态

通过第一个反弹高点画一条水平直线，就得到了 W 形底的颈线。股价突破该颈线才能视为 W 形底形态正式构筑完成。

2. 操作建议

W 形底是一种转势形态，它的出现预示着跌势将告一段落，行情将走入上升通道。

第一，W 形底形态是较为可靠的看涨信号，投资者看到此形态后，应考虑买入股票。

第二，W 形底形态尚未形成时，一些经验丰富的投资者便从中找到了买入良机。当股价第二次探底，且所探得的低点高于前一个低谷的低点时，称为二次探底不破底价。激进的投资者可以把握时机，适量买入，并把前一个低谷的低点设为止损点。

第三，W 形底第一个明确的买入时机出现在股价突破颈线位置时，表明 W 形底基本形成，投资者可以积极买入，同时将止损位设在颈线位置。

第四，股价突破颈线时，应该伴随着成交量的放大；如果成交量太小，则突破的效果会大打折扣，后市极有可能出现横盘振荡走势。

第五，在 W 形底形成的过程中，如果第二个低谷的成交量小于第一个低谷的成交量，第二个低点高于第一个低点，则看涨信号更为强烈。

下面来看一下中光学的案例，如图 6-10 所示。

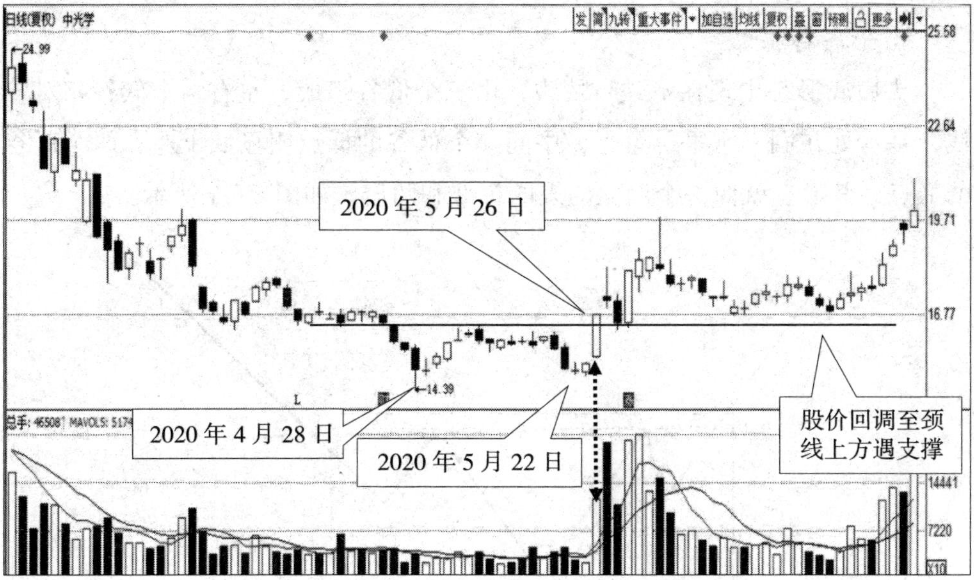

图 6-10　中光学（002189）日 K 线走势图

如图 6-10 所示，中光学在 2020 年 4 月到 5 月期间形成 W 形底形态，预示股价将反转向上。

2020 年 4 月下旬，中光学的股价开始快速下跌，之后几个交易日也延续了这种下跌走势，股价一路向下。

2020 年 4 月 28 日，该股股价触底反弹，并一路上行。不过，该股反弹一段时间后重新下跌，并在 5 月 22 日形成了第二个底部形态。

2020 年 5 月 26 日，该股股价放量上攻并突破了颈线位，此后，股价出现了短暂的调整，但仍位于颈线位上方，说明股价走势较强，投资者可入场建仓。

2020年6月12日、6月29日，中光学的股价连续两次出现回调，均因受W底颈线的支撑而重新向上，此时也是投资者入场加仓的良机。

四、突破头肩底颈线

头肩底形态属于典型的底部信号，这一信号与W底形态非常接近。与成交量、均线相配合，有助于提升买入信号的准确性。

1. 形态特征

头肩底形态出现在下跌行情中，由三个低谷组成，左右两个低谷相对较浅，基本处在同一水平位置上，中间一个低谷的低点明显低于左右两个低谷的低点，其形态就像一个倒立的人的头部和两肩。如图6-11所示。

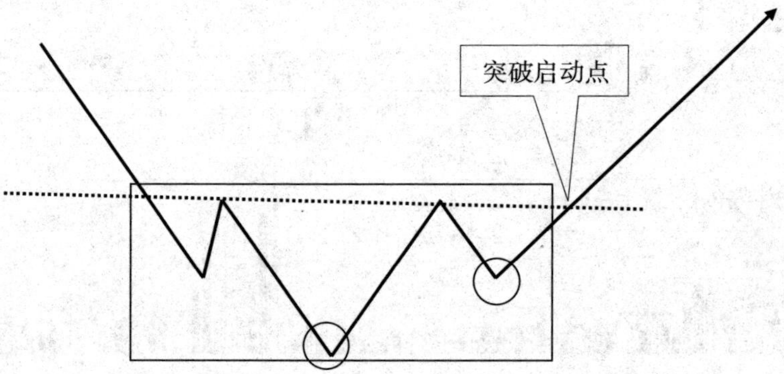

图6-11　头肩底形态

头肩底形态是这样形成的：股价下跌到一定幅度后开始反弹，当达到一定高度后出现回调，形成了“左肩”；接着再度下跌创出新低后回升，构筑了“头部”，也就是初次反弹的起点；之后又上涨到前一次反弹的高度附近再次回调，这次回调的低点高于头部的低点，形成了“右肩”，也就是第二次反弹的起点。在两次反弹过程中，股价基本在同一价位受阻回落，通过这个价位的直线就是颈线。

2. 操作建议

头肩底形态是一种较为强烈的反转形态，表示空方力量被不断消耗，多方重新焕发生机。

第一，头肩底形态是较为可靠的牛市信号，此形态出现之后，常常会走出一波较为可观的上涨行情。投资者看到头肩底形态后，应果断买入股票，持股待涨。

第二，当股价冲破阻力线（颈线）位置，表示头肩底形态构筑完成，这是头肩底形态的第一个买入信号，此时，投资者可以果断买入。在突破颈线时，必须要有成交量激增的配合，否则这可能是一个错误的突破。但是如果在突破后成交量逐渐增加，形态也可确认。

第三，股价完成向上突破后，原来的阻力位就变成了支撑位。参照头肩底形态买入股票的投资者，应该将止损位设在头肩底的颈线位置上。

第四，成交量是表示头肩底形态信号强弱的一个重要指标。如果在形成左肩和头部的过程中成交量极度萎缩，在冲破颈线形成右肩的过程中成交量却显著放大，表示看涨信号的可靠性更高。

下面来看一下秦安股份的案例，如图 6-12 所示。

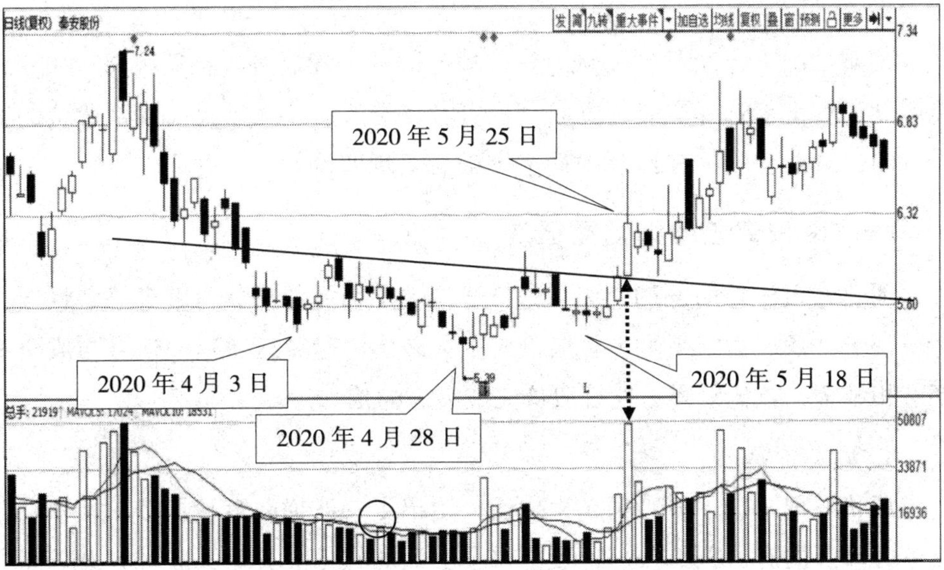

图 6-12　秦安股份（603758）日 K 线走势图

如图 6-12 所示，秦安股份在 2020 年 4 月到 5 月期间出现了头肩底形态，预示股价将反转向上。

2020年3月下旬，秦安股份的股价开始快速下跌，之后的几个交易日也延续了这种下跌走势，股价一路向下。

2020年4月3日，该股股价触底反弹，形成头肩底的“左肩”；该股反弹一段时间后重新下跌，并在4月28日形成了第二个底，随后再度反弹向上，形成头肩底的“头部”。

该股经过一段时间的上升后，再度出现小幅回调，而后股价在5月18日重新上升，形成了头肩底的“右肩”。

2020年5月25日，该股股价放量上攻，并突破了头肩底的颈线位置，这说明该股股价将开启一波上涨行情，投资者可考虑追涨买入该股。

第三节　整理形态向上突破选股

通常情况下，当股价K线经过一段时间的上涨后进入整理区间，往往意味着其正在重新选择突破的方向。投资者在选股时，无须提前预判股价的运行方向，只需在股价K线完成向上突破后入场即可。

一、K线突破中继盘整区域

股价经过一段时间的上涨后，K线出现了明显的振荡盘整走势，且振荡区域位于某条压力线下方。将股价向上突破中继盘整区域这一信号与成交量形态相结合，就比较容易发现股价完成突破的信号。

1. 形态特征

股价在前一波上升行情结束之后，走出了一波横向盘整走势，且多有向右下方倾斜的态势，给人一种股价将会下跌的感觉。其后，股价向上突破中继盘整区域，意味着股价即将启动反弹行情，这属于典型的买入信号。如图6-13所示。

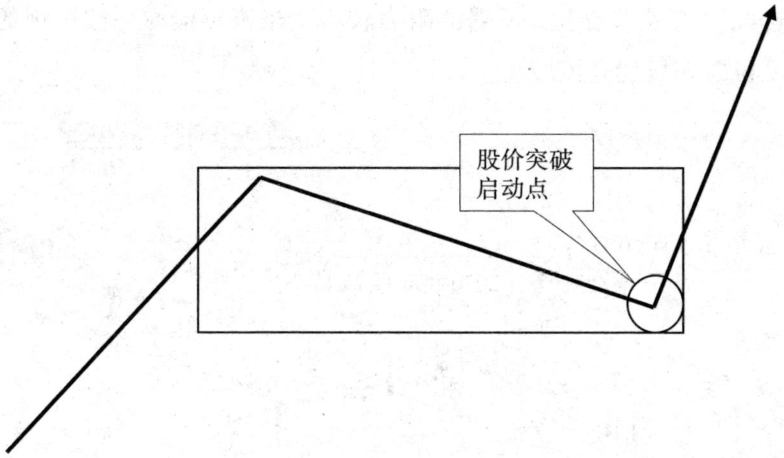

图 6-13　中继横盘调整形态

2. 操作策略

第一，K 线中继横向盘整发出的是行情由坏转好的反转信号，如果股价在横向盘整过程中成交量出现萎缩态势，当股价突破整理区域时，成交量若能同步放大，则意味着股价继续走高的可能性很大；反之，如果股价在中继盘整过程中成交量维持在高位，则未来股价的涨幅可能非常有限。

第二，当股价上涨到压力线位置时，上涨就会遇到一定的阻力。这时候只有成交量放大相配合，才有可能突破压力位。

第三，股价向上突破盘整区域时，K 线也会同步突破多条均线，各条均线也会由黏合状态转为多头发散排列，这也是典型的买入信号。

下面来看一下海欣食品的案例。

如图 6-14 所示，海欣食品在 2020 年 5 月到 6 月期间出现了中继盘整形态，投资者可保持对该股股价走势的观望。

2020 年 5 月 20 日，海欣食品的股价在创下阶段高点后出现振荡回调走势。此后，该股股价一路振荡下行，成交量同步出现萎缩态势，这比较符合股价回调的量价形态。

2020 年 6 月 29 日，该股股价经过一段时间的振荡下行后，突然放量向上突破横盘调整的压力线与各条均线，且各条均线在形成黄金交叉后呈多头排列，这说明该股未来上升所遇的阻力较小，未来可能有一波可观的涨幅。投资者可积极入场建仓该股。

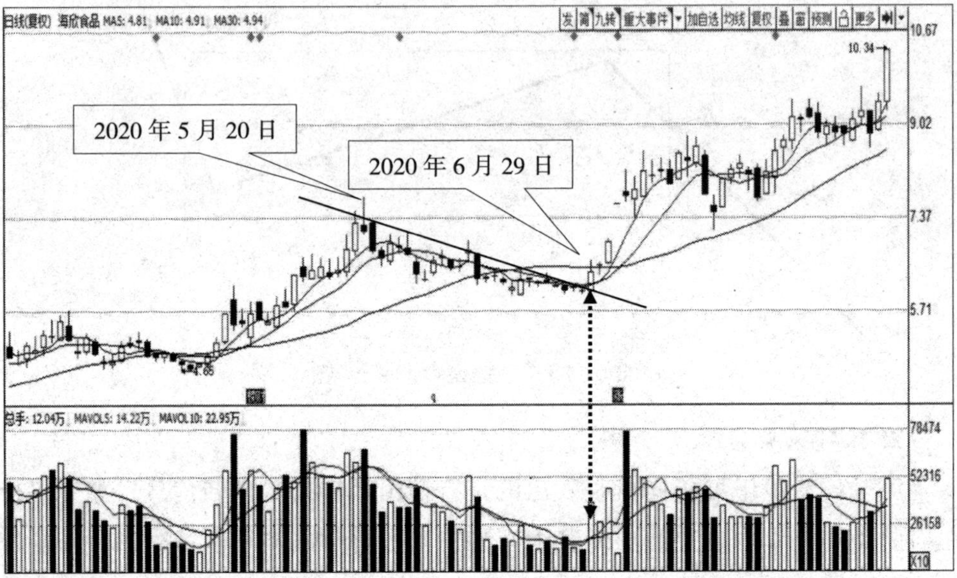

图 6–14　海欣食品（002702）日 K 线走势图

二、K 线下降楔形

K 线下降楔形也是属于一种典型的回调整理形态，将这一信号与成交量形态相结合，就会第一时间发现股价启动的迹象。

1. 形态特征

下降楔形，又称下倾楔形，通常出现在上涨行情中。该形态表现为：在股价上升过程中出现了一小段向下的振荡整理行情，将反弹的高点和回落的低点分别用直线相连，两条直线方向相同且呈收敛状，从而形成一个向下倾斜的楔子形态。如图 6–15 所示。

下降楔形虽然是向下倾斜的，似乎说明市场的承接力不强，但新的回落较前面的回落波幅呈缩小态势，说明卖盘力量正在被消化。同时成交量的逐渐萎缩，也有效证明了上方抛压在减弱。因此可以认为，这种形态只是上涨行情中的获利回吐，并没有强力的空头想要打压股价。

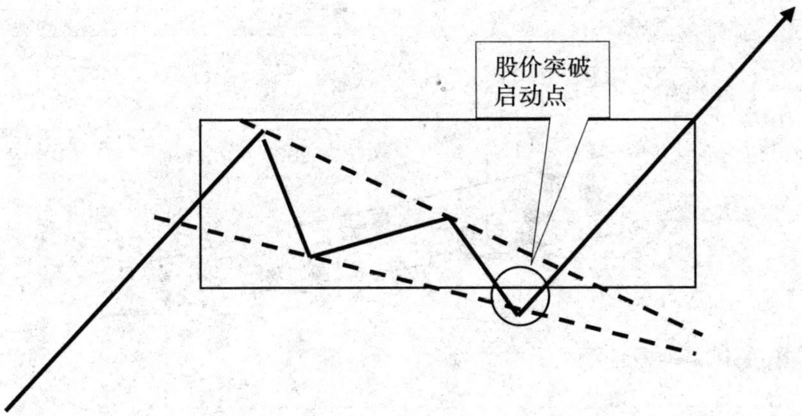

图 6–15　下降楔形形态

有时候，下降楔形会成为庄家制造诱空陷阱的一种手段。庄家会利用这一形态清洗掉市场中的浮筹，将大部分股票集中在自己手中，以达到为股价大幅上扬夯实基础的目的。

2. 操作建议

在上涨行情中出现下降楔形，一般只是前期获利投资者的卖出行为所致，大多不会影响上升趋势的发展。因此，该形态通常表现为上涨中继信号。

第一，在下降楔形形成的前半阶段，投资者可以按照楔形的上下边线进行高抛低吸操作，即在股价涨到上边线时卖出，股价跌到下边线时再买入。但是到了后半阶段，波动幅度已经很小，投资者就必须捂牢股票了。

第二，在下降楔形的后半阶段，也就是形态快要完成之前，投资者无论是持股还是持币，都应该保持观望的态度，最好不要轻举妄动。日后一旦发现股价突破下降楔形的上边线，投资者便可以积极买入。

第三，参照下降楔形买入股票的投资者，应该将止损位定在楔形的上边线上。

第四，下降楔形形成过程中，成交量一般会呈持续萎缩的状态，但是在突破上涨时，则应有成交量的放量相配合，否则会影响看涨信号的可靠性。

下面来看一下杭州银行的案例，如图 6–16 所示。

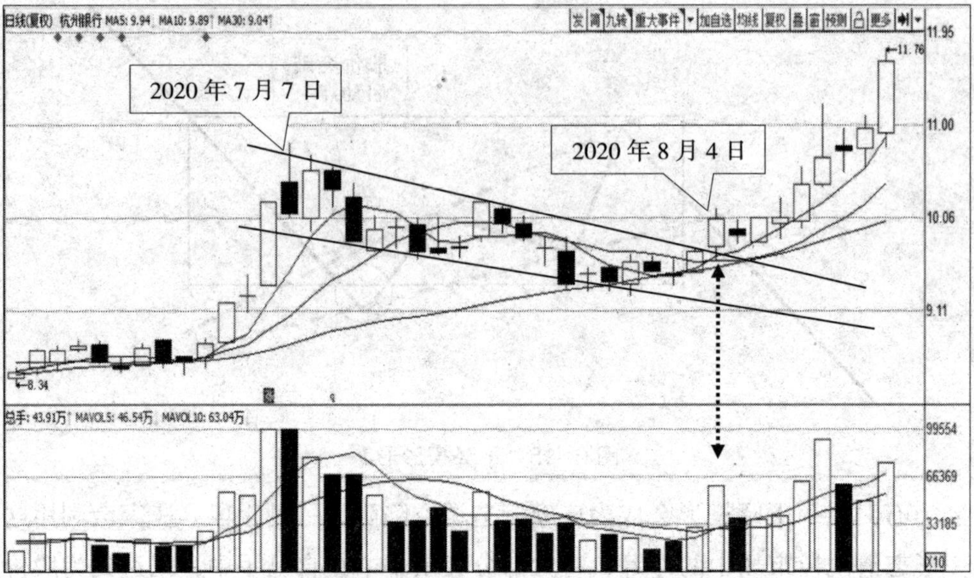

图 6–16 杭州银行（600926）日 K 线走势图

如图 6–16 所示，杭州银行在 2020 年 7 月到 8 月期间出现了下降楔形形态，预示股价将反转向上。

2020 年 7 月 7 日，杭州银行的股价在创下阶段高点后出现振荡回调走势，此后该股股价一路振荡下行。将股价振荡的高点和低点分别连线，就形成了一个下降楔形形态。在此期间，成交量也逐渐趋于萎缩。

2020 年 8 月 4 日，该股股价放量向上突破下降楔形的上轨线与各条均线，且各条均线在形成黄金交叉后呈多头排列，这说明该股未来上升可能还会遇到一些阻力，但阻力应该不会太大，投资者可考虑建仓该股。

三、突破三角形上边线

K 线上升三角形，也属于中继整理形态中的一种，将这一信号与成交量形态相结合，就能比较容易地在股价启动的第一时间入场。

1. 形态特征

上升三角形通常出现在上涨途中或下跌末期。该形态具有这样的特征：在股价反复振荡的过程中，每次上涨的高点基本处于同一水平位置，而每次回落的低点却不断上移。随着形态的发展，股价波动的幅度越来越小，即高点和低点逐渐靠拢。如果将这些高点和低点分别用直线连接，就形成了一个向上倾斜的三角形。如图 6-17 所示。

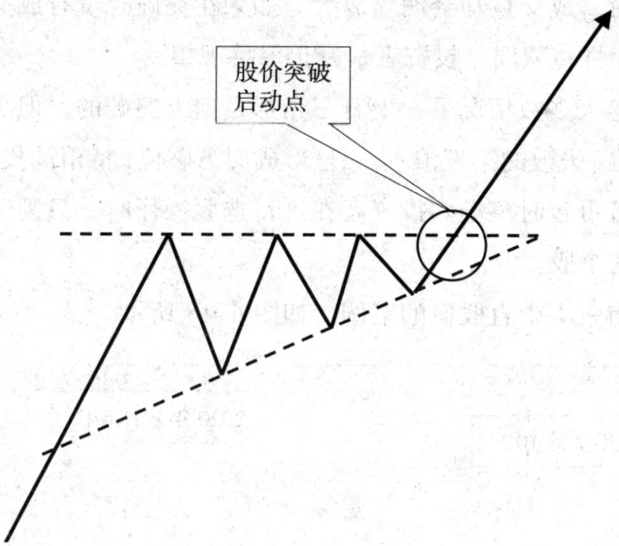

图 6-17　上升三角形形态

上升三角形的形成一般经历了这样的过程：股价每次上升到某一价位后，便会因上方抛压沉重而出现回落，从而在上方形成了一条阻力线。但由于市场看好该股，所以股价每次都会在低点反弹，且这些低点的位置越来越高。这一态势瓦解了空方的斗志，最终股价在多方的强力推动下实现了对阻力线的突破，上升三角形形态正式形成。

2. 操作建议

上升三角形是一种常见的整理形态，出现该形态说明买方力量在不断加强，而卖方力量却在逐渐衰弱，预示市场有可能进入多头行情。

第一，在上涨行情中出现上升三角形，通常表现为中继信号，在下跌行情中出现，则具有一定的转势意味。因此，一旦股价放量突破上升三角形的上边线，投资者就应该果断买入。

第二，上升三角形的上边线一开始是阻力线，被突破后就变成了股价支撑线。因此，参照形态买入股票的投资者，应该将止损位定在上升三角形上边线上。

第三，通常来说，在形成上升三角形的过程中，成交量会不断萎缩；但在向上突破时，成交量却会明显放大。如果在突破时没有成交量的配合，看涨信号的可靠性将减弱，投资者最好仍保持观望。

第四，绝大多数情况下，上升三角形是向上突破的，但少数情况也可能会跌破支撑位（失败的第五浪）。一旦形成向下破位，持币的投资者不宜介入，持股的投资者可暂时离场。投资者在进行选股操作时，只需选择那些有效完成向上突破的个股。

下面来看一下中直股份的案例，如图 6–18 所示。

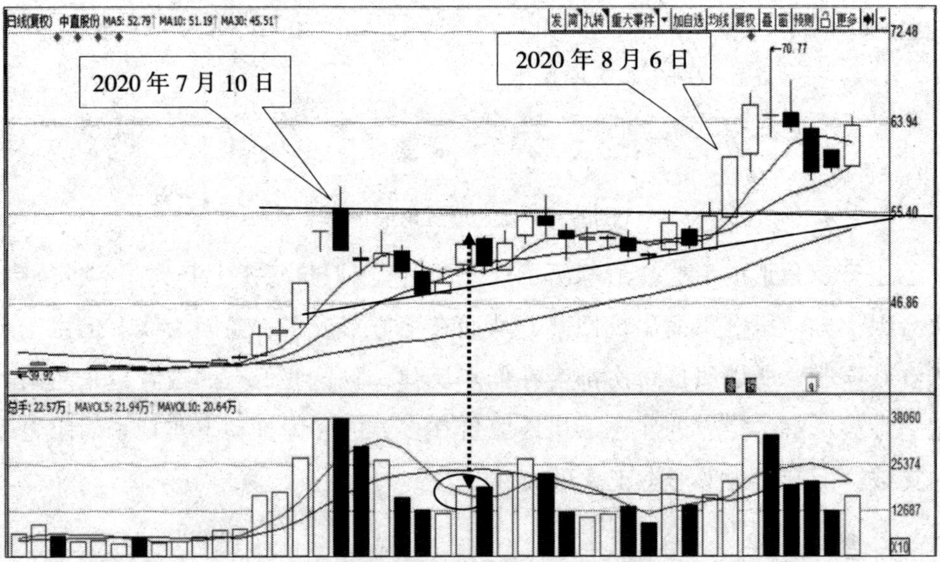

图 6–18　中直股份（600038）日 K 线走势图

如图 6–18 所示，2020 年 7 月到 8 月，中直股份的日 K 线图上出现了上升三角形形态。

2020 年 7 月中旬，处于上涨途中的中直股份进入到横盘整理行情。在此阶段，股价上涨到某一位置附近时会遇到强大的阻力，因而在上方形成了一条水平的阻力线；而股价回落所接触的低点却呈现逐渐升高的趋势，将它们连起来近似一条向上的斜线。从形态上看，股价具有形成上升三角形的潜质。在此期间，成交量同步出现了萎缩。

2020 年 8 月初，该股经过几个交易日的振荡盘整，再次来到上升三角形的上边线附近。8 月 5 日，该股股价收盘在上升三角形上边线附近位置。8 月 6 日，该股股价放量高开高走，直接突破了上升三角形的上边线。至此，该股股价的上升趋势得以确认，投资者可积极入场做多。

四、K 线突破矩形盘整区域

K 线矩形整理形态，属于典型的振荡整理形态，将这一信号与均线和成交量形态相结合，就会比较容易发现股价突破上行的启动位。

1. 形态特征

矩形整理，又称箱型整理，是股市中最典型的整理形态，可以出现在任何行情中。该形态表现为：股价在一定的价位区间内上下波动，将上涨的高点和下跌的低点分别相连，就形成了两条平行的水平直线。从理论上讲，股价 K 线出现矩形整理形态后，股价的突破方向可以向上，也可以向下，不过，这里从研判波段底部形态出发，只考虑股价向上突破一种情况，如图 6–19 所示。

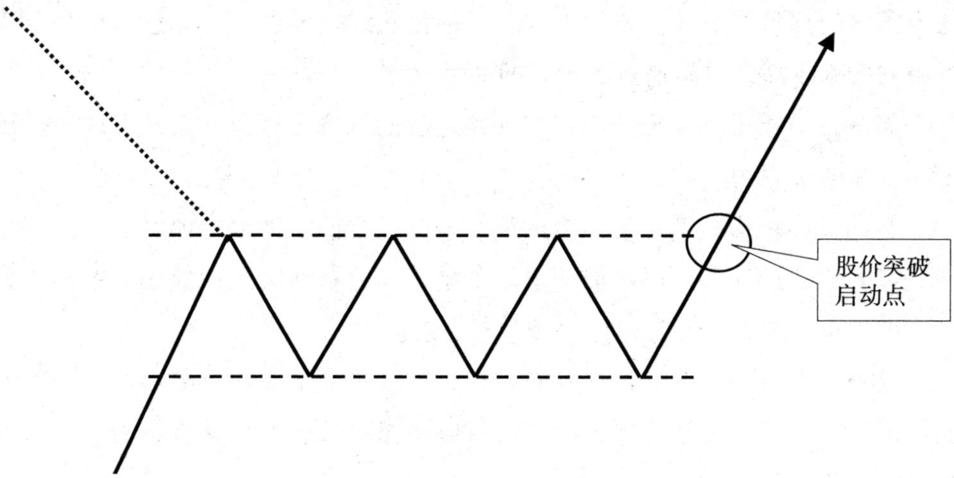

图 6–19　矩形整理形态

矩形整理形态的形成经历了这样的过程：股价在上涨或下跌一段时间之后出现了横向移动。当股价上涨到某一高点时遇到阻力而回落，下跌到某一低点时获得支撑而回升，然后每次回升到前一个高点附近都会受阻回落，每次回落到前一个低点附近时又止跌反弹，如此反复，便形成了一条水平的整理通道。

矩形是一种冲突均衡整理形态，显示多空双方虽然互不相让，你争我夺，但由于双方实力相当，所以基本在这一范围内达到了均衡状态。当然，出现这种形态有时也可能是庄家为了吸筹或出货而有意在控制波动幅度。

矩形的上边线是股价的阻力线，下边线是股价的支撑线，一旦股价有效突破了其中的任何一条线，都标志着矩形形态的构筑完成。

2. 操作建议

矩形整理形态的出现，表示多空双方在战斗中互有胜负，保持着势均力敌的僵持局面。如果某一方力量削弱，另一方力量加强，这种僵局便会被打破。

第一，绝大多数情况下，矩形表现为一种中继形态，表示股价经过整理后仍然会按照原来的趋势运行。但是矩形整理形态出现后，投资者仍需要根据股价的历史走势和其他技术指标来判断其是否有演变成反转形态的可能。

第二，矩形整理形态常常是在庄家强行洗盘下形成的，上方的阻力线是庄家预定的洗盘位置，下方的支撑线是护盘底线。因而，该形态出现在上涨途中的概率较高，也是最具有价值的K线形态。

第三，当矩形整理形态出现在深跌之后的低价位区域，通常表现为反转形态，是潜伏底的变形。

第四，在矩形整理形态没有形成有效突破之前，如果矩形的上下边线距离较远，那么投资者可以在前期采取高抛低吸的短线策略；但如果矩形的波动幅度较小，那么投资者最好保持观望姿态。

第五，经过一段时间的横向整理后，当股价向上有效突破矩形的上边线时，表示多方开始占据优势，投资者可以考虑买入股票，并将止损位设在矩形的上边线上。

第六，在矩形整理形态形成的过程中，成交量应该不断减少。特别是从高点回落时，成交量必须呈现逐渐萎缩的态势。

第七，股价向上突破矩形的上边线时，必须伴随成交量的放大才有意义；而向下突破时，则不必有成交量的配合。

下面来看一下聚辰股份的案例，如图 6-20 所示。

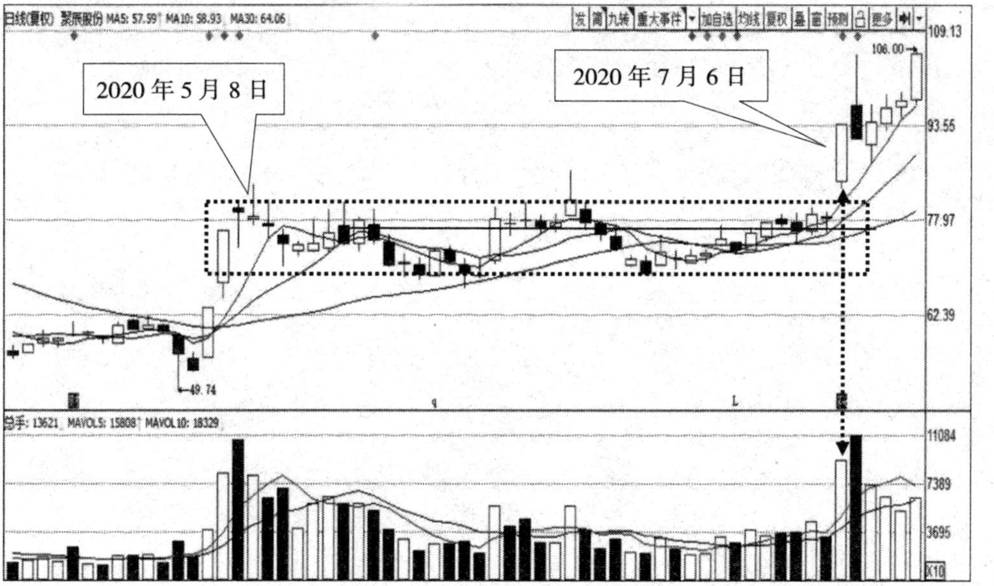

图 6-20　聚辰股份（688123）日 K 线走势图

如图 6-20 所示，2020 年 5 月到 7 月，聚辰股份的日 K 线图上出现了矩形整理形态。

2020 年 5 月 8 日，聚辰股份收出一根带上影线的小阳线，这天的最高价也成为短期内的一个高点。之后该股开始回落，并在前期的密集成交区域受到支撑反弹，从而形成一个低点，然后股价便一直在高点和低点之间的水平通道中运行，形成了矩形整理走势。在此期间，成交量同步出现了萎缩。

2020 年 7 月 6 日，受投资中芯国际的利好消息刺激，该股跳空高开并以涨停报收，股价成功向上突破了矩形上边线，这说明该股未来上攻过程中遇到的阻力较小，上涨可期。

第七章

技术指标形态选股方略

与K线突破形态相似，当一些技术指标发出明确的买入信号时，这类股票往往也可以列为候选标的股票，因此，该选股方法本质上也属于价格驱动型选股方法中的一类。当然，与K线形态选股方法相似，基于技术指标所选择的股票仅适用于中短线操作，无法满足长线投资者的需求。

第一节　均线形态选股法

移动平均线，简称“均线”，大致代表了一段时间的市场平均成本，因此，均线往往对股价有着重要的支撑或阻力作用。

均线的计算非常简单，某一时段的均线就是该时段内所有交易日的收盘价之和与总的交易天数的算术平均值，即均价，然后将这些均价用曲线连接起来，就构成了均线。例如，30 日均线就是由连续 30 个交易日收盘价之和除以 30 后得到的算术平均值连接而成的。

通常情况下，均线具有如下几个典型的交易指示含义。

第一，当股价运行于均线上方时，说明价格高于市场平均持仓成本，市场上大部分投资者都处于盈利状态，股价未来继续走高的概率很大。

第二，当股价运行于均线下方时，说明股价低于市场平均持仓成本，市场上大部分投资者都处于亏损状态，股价未来走弱的概率很大。

第三，当短期均线位于中长期均线上方时，说明短期持仓成本高于中长期持仓成本，市场处于强势上升行情中；反之，当短期均线位于中长期均线下方时，说明短期持仓成本低于中长期持仓成本，市场处于下跌趋势中。

投资者在利用均线形态选股时，主要就是利用股价与均线的上述几个特征进行分析、判断，选择未来可能继续走强的股票。

一、股价 K 线突破均线

股价与均线的位置关系可以看成是股价涨跌的一个分水岭：股价处于均线上方时，大部分投资者处于盈利状态，基于盈利效应，市场上会有更多的投资者愿意入场买入股票，因而股价继续上攻的概率更大；反之，若股价位于均线下方，则说明市场上大部分投资者处于亏损状态，市场上的投资者不愿意入场买入股票，股价继续下跌的概率很高。正因为如此，股价向上突破均线，则意味着市场氛围将会发生改变，也会有更多的跟风盘涌入。

股价突破均线位时，需要注意这样几点。

第一，越是长期的均线，对股价的阻力作用越强，股价突破长期均线需要的成交量也就越大，因此，成交量放大也是股价突破均线位的一个基本要求。

第二，股价完成对中长期均线的突破后，股价继续上行的概率要远远大于对短期均线的突破。

第三，股价突破均线之前，若各条均线出现黏合状态，此时股价向上突破这些均线，则意味着股价将会出现大幅上涨行情。

第四，越是对股价具有较强阻力作用的均线，其后对股价的支撑作用越强。当股价向上突破这类均线时，也更容易展开上升波段。

下面来看一下誉衡药业的案例，如图 7-1 所示。

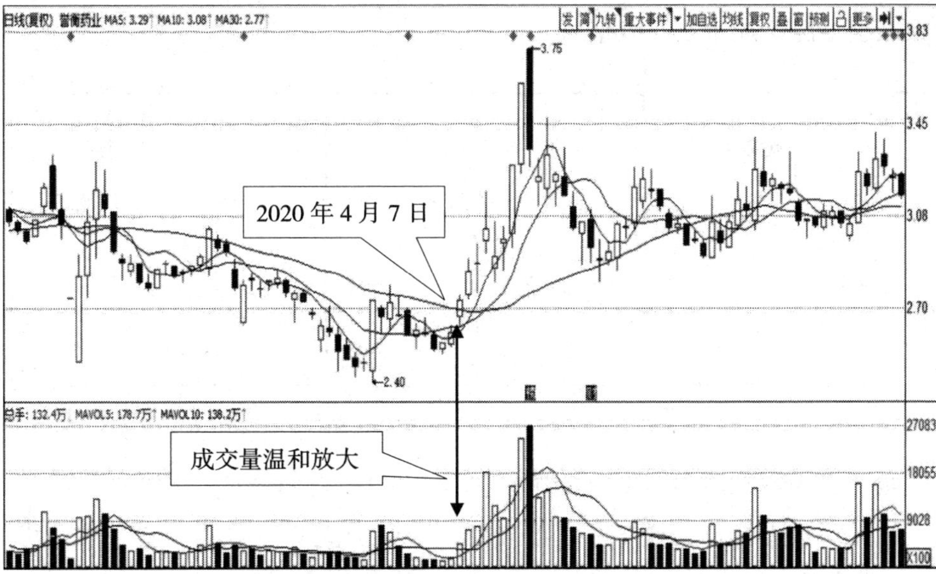

图 7-1 誉衡药业（002437）日 K 线走势图

如图 7–1 所示，自 2020 年 2 月初开始，誉衡药业的股价有加速下行的态势。股价在下跌过程中曾出现若干次的反弹走势，不过，股价在反弹至 30 日均线位置时，均因 30 日均线的阻力而重新下跌。由此可见，30 日均线对该股股价具有很强的阻力作用。

2020 年 4 月 7 日，誉衡医药的股价放量突破 30 日均线，且 5 日均线和 10 日均线同步拐头向上，这属于典型的看涨信号，投资者可考虑买入该股。

其后，该股发动了一波快速上涨行情。

二、短期均线向上突破中长期均线

股价经过一段时间的下跌后，短期均线因灵敏度较高，就会处于较低的位置，中长期均线就会位于短期均线的上方。此后，若股价出现反弹走势，短期均线向上突破了中长期均线，则意味着股价将迎来一波上涨行情，投资者宜优先选择这类股票。

短期均线自下而上突破中长期均线，本质上属于黄金交叉形态。黄金交叉是指周期较短的均线由下而上穿过周期较长的均线，而且这两条均线的方向都是向上的，如图 7–2 所示。均线金叉，代表阻力线被向上突破，表示股价将继续上涨，通常是买入信号。

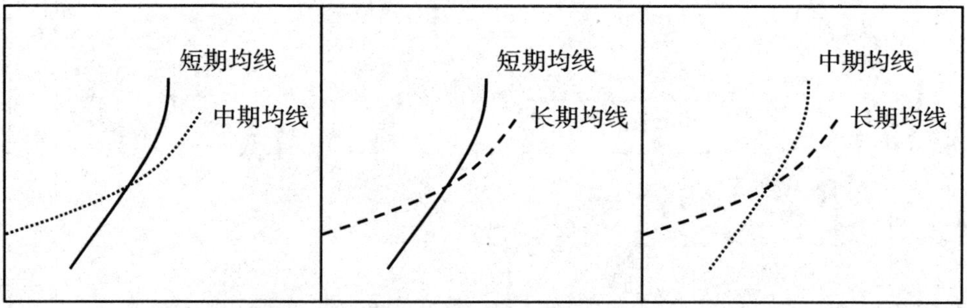

图 7–2　均线金叉

投资者根据均线的黄金交叉进行操作时，应该注意以下几点。

第一，短期均线上穿上升中的长期均线，形成黄金交叉，投资者可以在金叉形成当天果断买入。

第二，均线形成金叉时，周期较长的均线应该是向上的，如果该均线走平或向下，则是一个虚假的金叉，不能视为买入信号。

第三，如果周 K 线图或月 K 线图上的均线出现金叉，中长期投资者可以考虑买进。

第四，两条交叉的均线上倾的角度越大，周期越长，看涨信号越强烈。

第五，两条周期较长的均线发生金叉时，如果股价在交叉点上方附近，那么投资者可以适量买入；如果股价远离均线，则投资者不宜买入。

下面来看一下龙星化工的案例，如图 7-3 所示。

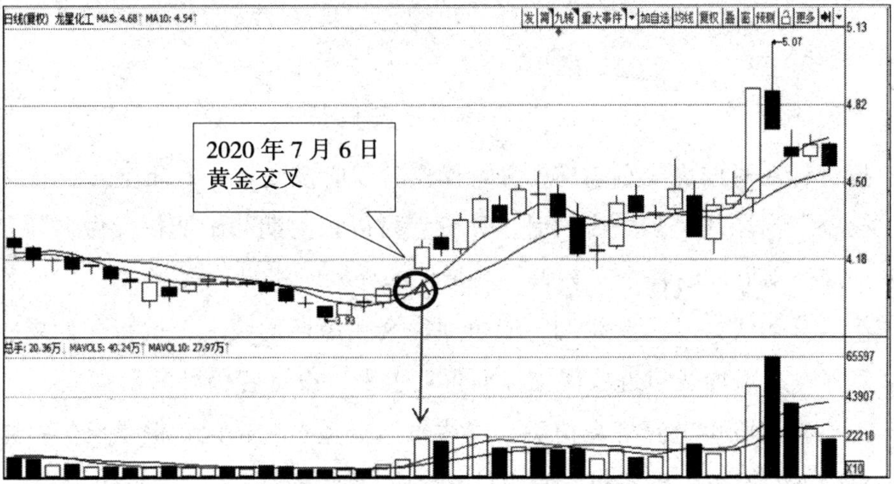

图 7-3　龙星化工（002442）日 K 线走势图

如图 7-3 所示，2020 年 7 月初，处于整理走势中的龙星化工的股价开始反弹，从而带动 5 日均线、10 日均线向上移动。2020 年 7 月 6 日，5 日均线上穿了处于上升状态的 10 日均线，与此同时，该股股价 K 线位于黄金交叉点的上方，成交量也放大了很多倍，这属于比较明确的买入信号，投资者可考虑于此时买入该股。

其后，该股股价一路上行，由此可见，黄金交叉发出的信号准确性较高。

三、均线开启多头排列模式

多头排列是指短期均线、中期均线和长期均线按照自上而下的顺序排列，三条均线呈现向上倾斜的态势，如图 7–4 所示。均线多头排列表示多方力量强大，股价进入了一个稳定的上升期，通常是中线选股进场的机会。

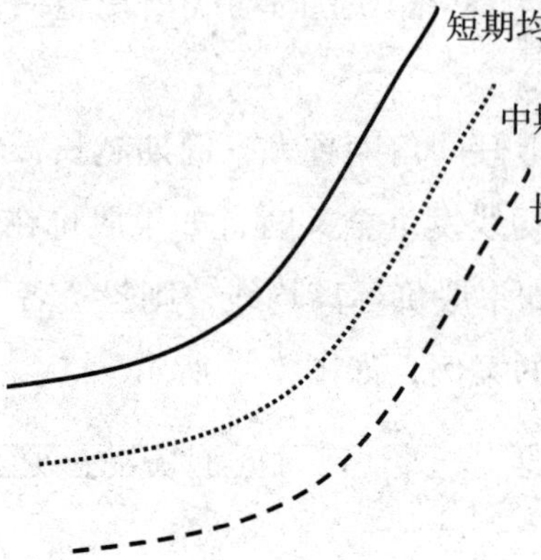

图 7–4　均线多头排列

投资者在根据均线多头排列进行操作时，应该注意以下几点。

第一，当均线呈多头排列时，投资者可以在前期和中期积极做多，尤其是多头排列刚形成的首个交易日，是最佳的介入时机。

第二，均线如呈多头排列，股价往往会在短期均线之上运行，如果股价回落，并在某条均线附近获得支撑而再度上涨，投资者仍可适量买入。

第三，当股价上涨到高位后，均线虽然仍呈多头排列，但是已经有走平或掉头向下的迹象，此时投资者应该对买入持谨慎态度。

第四，当股价向上突破，各条均线开始呈多头发散排列时，往往就是最佳的入场时机。

下面看一下安徽建工的案例。

如图 7–5 所示，2020 年 5 月底，安徽建工的股价短线触底后开始启动上涨。2020 年 6 月 29 日，安徽建工的股价跳空高开，在 K 线图上留下了一个跳空缺口。此时，5 日均线、10 日均线和 30 日均线构成的均线系统进入到多头排列状态。此后，该股股价回调，但没有跌破 5 日均线，多头排列行情确立，投资者可追涨买入该股。

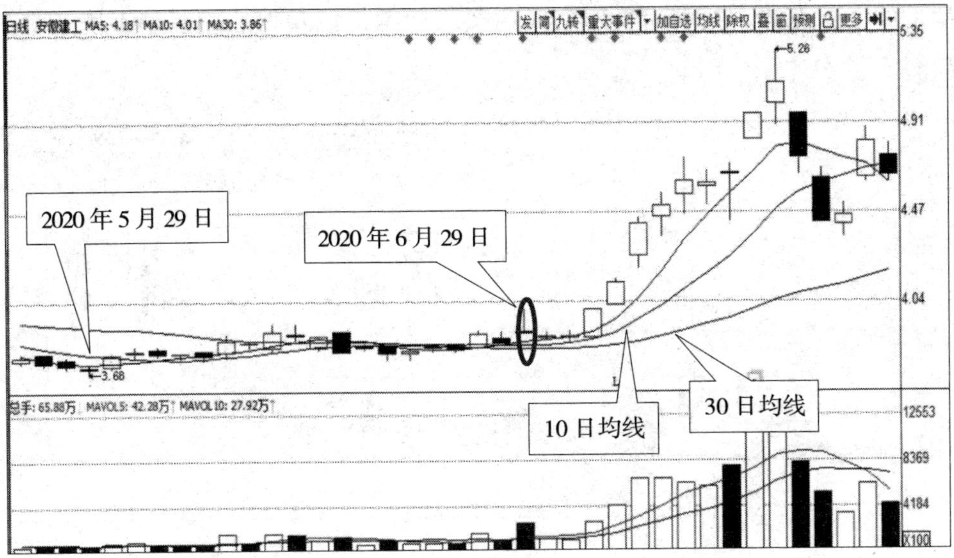

图 7-5　安徽建工（600502）日 K 线走势图

四、经典形态——“三线黏合”与向上突破

三线黏合是均线黏合形态中一种非常典型的形态，常用的是 5 日均线、10 日均线和 30 日均线，其波动范围一般在 2% 以内，最多不能超过 5%。均线黏合说明股价开始盘整，一旦均线结束黏合，将对股价的方向进行抉择，不论上涨还是下跌，都将持续一段时间。

三线黏合形态的操作要点包括如下几点。

第一，均线结束黏合后，出现拐头向上形态，且均线呈多头排列，往往意味着股价将出现一段上涨行情，投资者宜买入股票。

第二，均线黏合结束时，如果均线方向向上，且有成交量放大相配合，那么后期上涨的可能性加大。

下面来看一下安徽合力的案例。

如图 7-6 所示，安徽合力的股价在 2020 年 4 月到 6 月期间开始了一段整理行情，5 日均线、10 日均线和 30 日均线呈黏合状态。2020 年 7 月 3 日，该股股价在前几个交易日连续上涨的基础上，继续放量上攻，并突破了股价整理区域。与此同时，均线由黏合变成发散，且均线呈多头排列，成交量呈放大的态势。投资者此时宜及时买入股票，以获得后期股票上涨带来的利润。

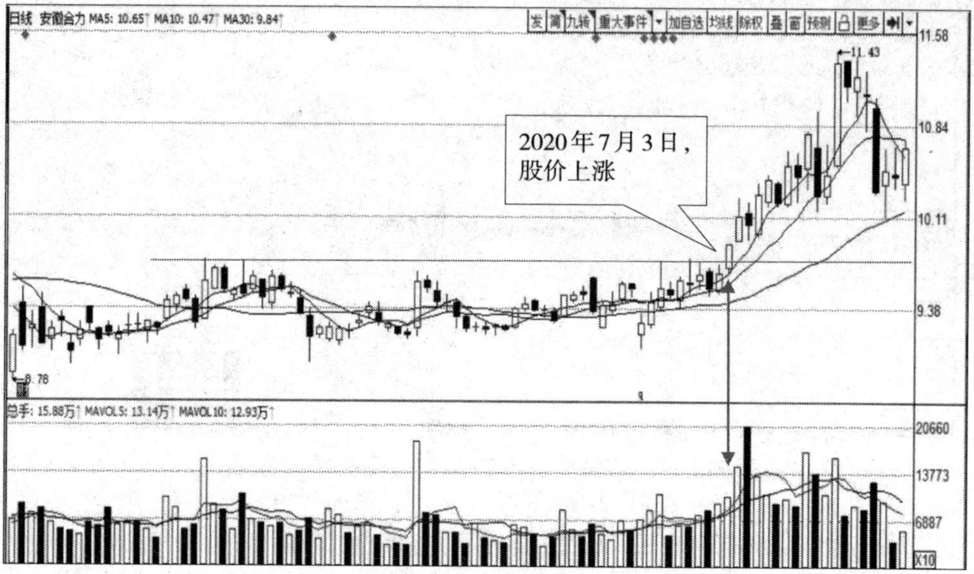

图 7-6　安徽合力（600761）日 K 线走势图

五、经典形态——“老鸭头”

老鸭头形态是运用移动平均线分析时出现的经典形态，是强烈的买入信号。在运用老鸭头形态时，最常用的均线组合是 5 日均线、10 日均线和 50 日均线，这三条均线应该满足以下几个条件。

第一，5 日均线和 10 日均线相继上穿 50 日均线。

第二，5 日均线和 10 日均线上穿 50 日均线后，5 日均线出现阶段性高点。

第三，在 5 日均线达到高点后，5 日均线下跌到 10 日均线时再次被托起，并没有跌破 10 日均线。此时，三条均线呈多头排列。

一般情况下，当一只股票的均线出现老鸭头形态时，往往意味着后市有一段上涨行情。均线出现老鸭头形态的个股，可以作为短线选股的一个备选标的。

下面来看一下阳谷华泰的案例，如图 7-7 所示。

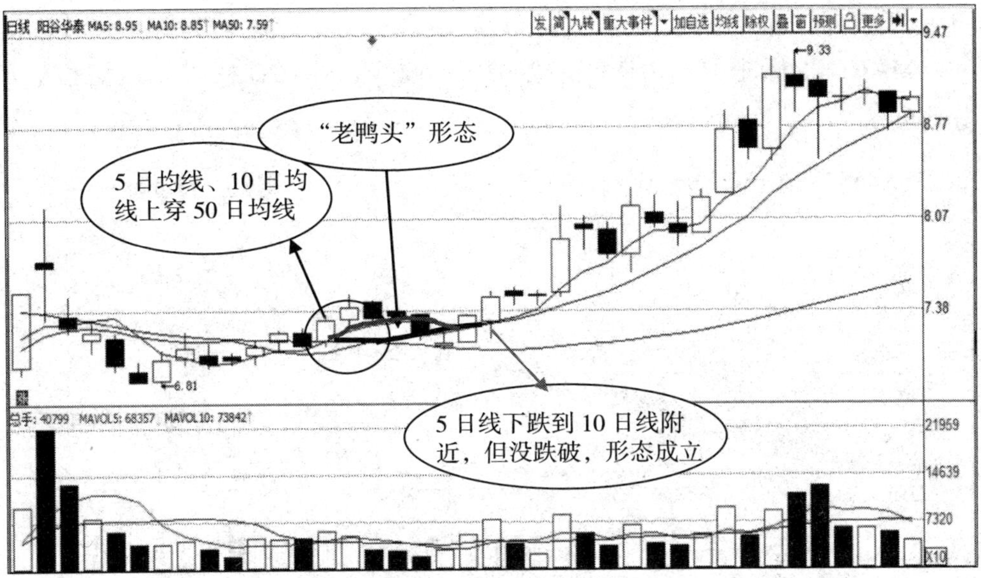

图 7-7　阳谷华泰（300121）日 K 线走势图

如图 7-7 所示，2020 年 5 月底，阳谷华泰的股价连续上涨。6 月 5 日、8 日，5 日均线、10 日均线连续上穿 50 日均线。2020 年 6 月 8 日，股价上涨到相对高点后开始下跌，随即，5 日均线、10 日均线相继调头向下，但 5 日均线在跌到 10 日均线附近时，受到 10 日均线的支撑后重新开始上涨，老鸭头形态成立。2020 年 6 月 15 日股价开始上攻，带动 5 日均线、10 日均线全线上行，投资者此时可以积极买入。

第二节　MACD 形态选股法

MACD 指标的英文全称是“Moving Average Convergence and Divergence”，中文全称为“指数平滑异同移动平均线”，是由杰拉尔德 • 阿佩尔（Gerald Appel）在移动平均线的基础上发展出来的一种技术指标。

在大多数炒股交易软件中，MACD 指标都是默认的首选指标，如图 7-8

所示。

MACD 指标主要由 DIFF 快线、DEA 慢线、MACD 柱线、0 轴这四部分构成。

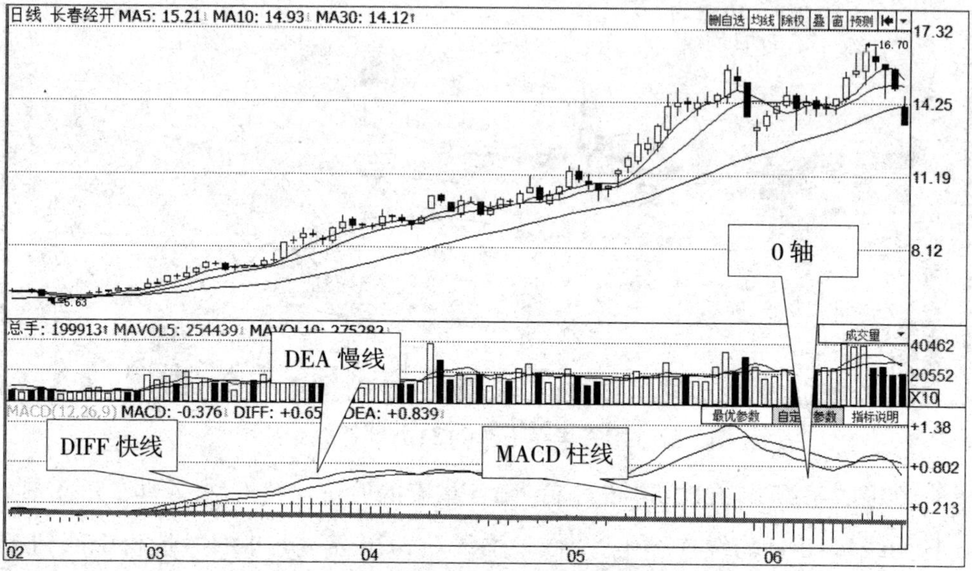

图 7-8　MACD 指标示意图

DIFF 是快速平滑移动平均线（EMA1）与慢速平滑移动平均线（EMA2）之间的差值，快慢只是时间参数不同，快速是短期的，而慢速则是长期的。DEA 是 DIFF 的移动平均，也就是连续一段时间内 DIFF 的算术平均值，因此 DEA 有自己独自的时间参数，即平滑的天数（M）。

根据经验，一般将快速移动平均线的时间参数（短期参数）设为 12 天，将慢速移动平均线的时间参数（长期参数）设为 26 天，而将平滑的天数（M）设为 9 天。这三个参数也是同花顺软件中的默认参数。

概括起来说，MACD 指标具有以下几项特性。

第一，DIFF 线的变动较为灵敏，是快速平滑移动平均线；而 DEA 线则较为平缓，是慢速平滑移动平均线；两条线都围绕 0 轴上下波动。

第二，MACD 指标所显示的两条曲线都不是市场价格的移动平均线，而是两条移动平均线差距的平滑移动平均线。它能克服移动平均线假信号频繁的缺点，又保留了均线的诸多优点。

第三，MACD 柱状线即 BAR 线，表示 DIFF 线与 DEA 线之间的偏离程度，BAR 线越长，说明 DIF 线距离 DEA 线的距离越远。BAR 为正值，柱状线显示为红色，表示 DIFF 线在 DEA 线之上；BAR 为负值，柱状线显示为绿色，表示 DIFF 线在 DEA 线之下。

在实战中，MACD 指标对波段操作具有重要的指导作用。投资者可借助 MACD 指标进行中线波段的选股操作。

一、MACD 指标突破 0 轴

0 轴是股价走势强弱的重要分界线，当 MACD 指标的两条指标线分别向上突破 0 轴时，意味着股价存在走强的可能。具体操作要点如下。

第一，当 DIFF 线由下向上突破 0 轴，表明多头行情即将悄然形成，是中长线第一个较为安全的买入点，投资者可逢低吸纳。

第二，当 DEA 线由下向上突破 0 轴，表明多头行情逐渐变强，是中长线第二个较为安全的买入点，此时投资者可以追涨买入。如图 7–9 所示。

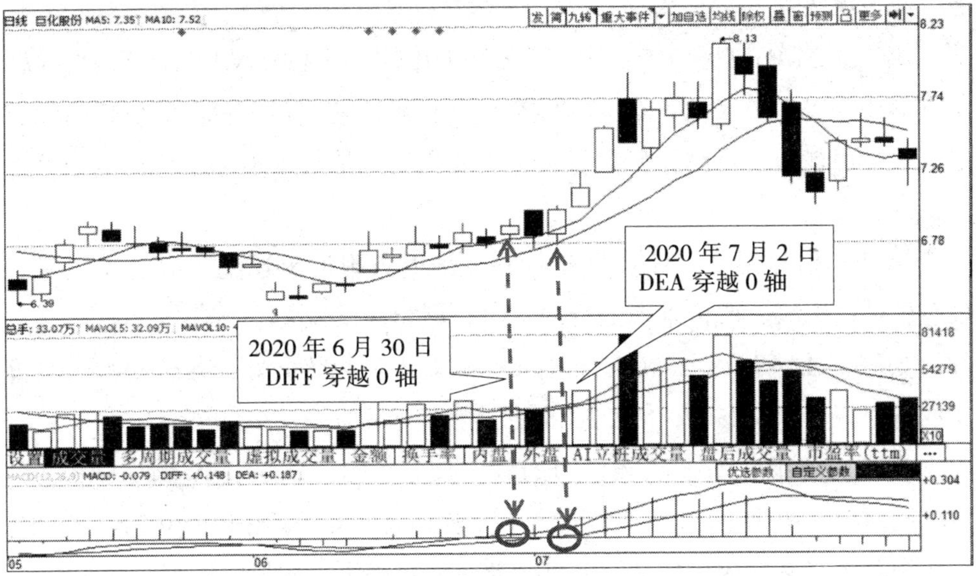

图 7–9　巨化股份（600160）MACD 走势图

如图 7–9 所示，2020 年 6 月中旬后，巨化股份的股价随着大盘指数的回暖而出现了一波快速振荡上涨行情。MACD 指标也随之不断走高，DIFF 快线自低位向上运行，并于 2020 年 6 月 30 日率先向上突破了 0 轴，这说明市场已经完全处于多头主导的状态。此后的 7 月 2 日，DEA 慢线也向上突破了 0 轴，这更加说明市场的强势，投资者宜加仓买入该股。

通过观察图 7–9，投资者可以看到，DIFF 向上突破 0 轴后，如果 DIFF 快线并没有加快向上运行的迹象，则一定要等到 DEA 慢线向上突破 0 轴后再买入股票，以避免可能遇到的风险。

二、MACD 指标金叉

当 MACD 指标金叉，且成色较佳时，往往意味着股价在短期内可能会出现一波上涨行情，这类股票往往会成为波段投资者的最爱。利用 MACD 指标金叉选股时，需要注意这样几点。

第一，当 DIFF 和 DEA 均为正值，DIFF 线向上突破 DEA 线，在 0 轴上方形成金叉时，表示市场上买盘非常踊跃，上涨行情仍将继续，此时投资者可以追涨买入。

第二，当 DIFF 和 DEA 均为负值，DIFF 线向上突破 DEA 线，在 0 轴下方形成金叉时，表示市场上的做空气氛有所缓解，持币者有低位吸纳的意愿，股价可能止跌反弹，此时投资者需要借助其他技术指标来分析是否可以买入。

第三，相对而言，MACD 指标在 0 轴上方附近出现金叉时，往往属于成色较佳的金叉，股价未来上行的空间和可能都比较大。

如图 7–10 所示，2020 年上半年，随着大盘趋势向好，潍柴动力的股价也同步出现了上涨态势，MACD 指标自底部反弹向上。

2020 年 7 月 1 日，潍柴动力的股价放量上行，并站在各条均线之上。与此同时，MACD 指标形成黄金交叉形态，且交叉点正好位于 0 轴位置，这说明该黄金交叉的成色极高。投资者此时可放心买入或加仓该股。

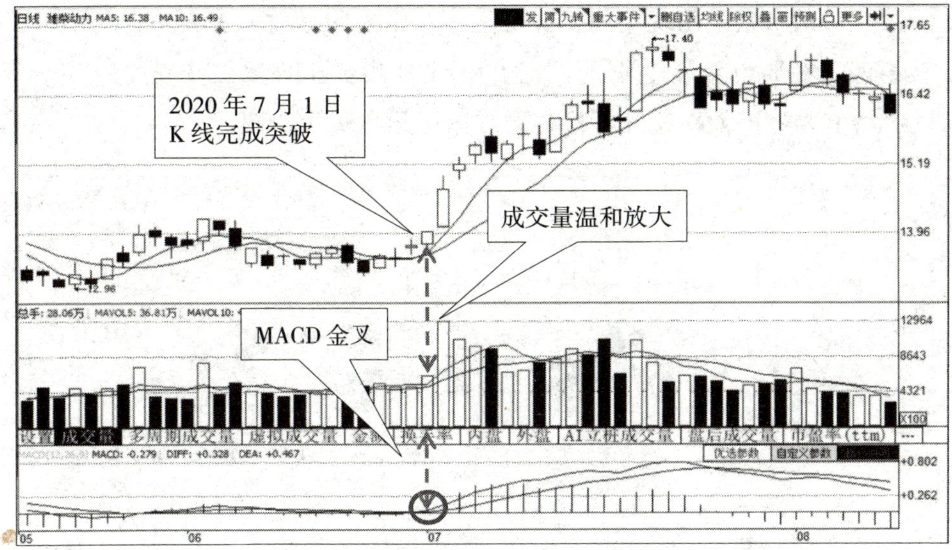

图 7-10　潍柴动力（000338）MACD 黄金交叉示意图

三、二度金叉猎杀强势股

二度金叉猎杀强势股，是指当 MACD 指标中的 DIFF 快线与 DEA 慢线连续两次形成黄金交叉时，预示股价将会发动一波快速上涨行情。很多涨停股在启动前会出现 MACD 指标二度金叉的形态，对于喜欢短线追涨或追击涨停板的投资者来说，依据 MACD 指标二度金叉形态选出强势股，也是一种相对理想的选择。

DIFF 快线自下而上穿越 DEA 慢线，且交叉点位于 0 轴上方时，出现第一个黄金交叉。当黄金交叉出现后，经过一段时间的上涨，DIFF 快线出现短暂的下跌，且在下跌过程中出现了一个死叉。不久，DIFF 快线重新出现上升势头，并再次出现黄金交叉。当这种在短期内连续出现黄金交叉的情况时，往往意味着股价将会有一段相当可观的上涨。

二度金叉猎杀强势股的具体要求如下。

第一，DIFF 快线与 DEA 慢线两次形成黄金交叉时，必须全部位于 0 轴上方。

第二，两个金叉之间的死叉时间不能太长，而且越短越好。

第三，两个金叉出现期间，成交量不能出现明显放大。

第四，在股价重新上涨的同时，MACD 指标出现第二个黄金交叉，预示该股马上要进行大幅拉升，投资者宜迅速跟进买入股票。

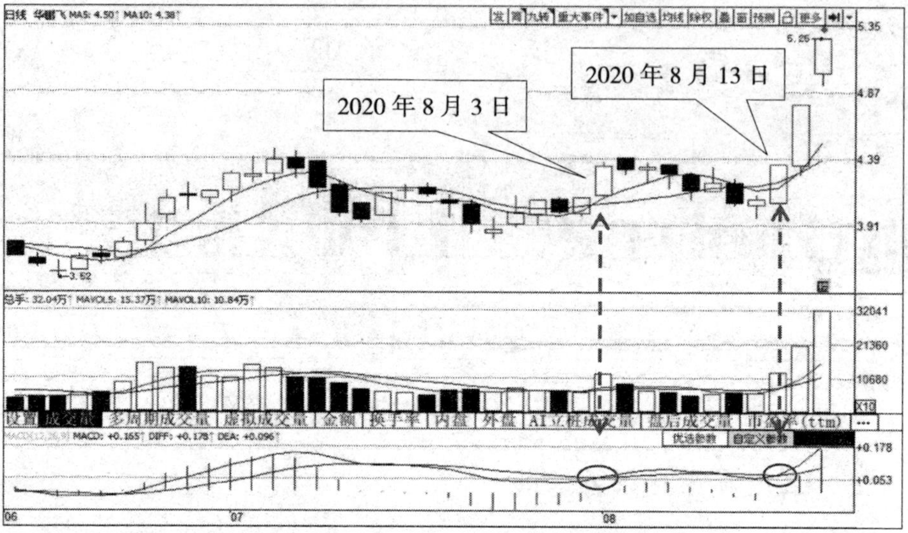

图 7-11　华鹏飞（300350）MACD 指标走势图

如图 7-11 所示，华鹏飞的股价在 2020 年年中时段出现了一波振荡行情。进入 8 月后，该股出现了上攻迹象。MACD 指标在 2020 年 8 月 3 日和 8 月 13 日分别形成了黄金交叉形态，此时，DIFF 快线和 DEA 慢线均位于 0 轴上方不远处，且两次黄金交叉之间的死叉时间不长，期间又无成交量异常放大状况，这说明该股股价很快就会发动一波快速上涨行情。

8 月 13 日，该股走出第二个黄金交叉时，投资者可考虑买入该股。其后，该股发动了一波快速上涨走势，股价连续拉出涨停板。

四、金叉之后，死叉不死

金叉之后，死叉不死，是指当 MACD 指标出现金叉形态后，DIFF 快线不升反降，遇 DEA 慢线支撑再度上升的形态。该形态也属于典型的看涨形态。

DIFF 快线自下而上穿越 DEA 慢线，且交叉点位于 0 轴上方，这时出现一个黄金交叉。当黄金交叉出现后，DIFF 快线出现短暂的下跌，且在下跌至

DEA 慢线附近（没有跌破），即将形成一个死叉时，因受 DEA 慢线的支撑而再度上升。出现这种形态时，往往意味着股价将会有一段相当可观的上涨。

金叉之后死叉不死的具体要求如下。

第一，DIFF 快线与 DEA 慢线形成黄金交叉时，必须全部位于 0 轴上方。

第二，DIFF 快线下跌至 DEA 慢线时，成交量不应该出现明显的放大，且以缩量为佳。

第三，DIFF 快线下跌至 DEA 慢线处时，股价最好能在某一重要点位处获得支撑。

第四，股价重新上涨的同时，DIFF 快线再度上扬，投资者宜迅速跟进买入股票。

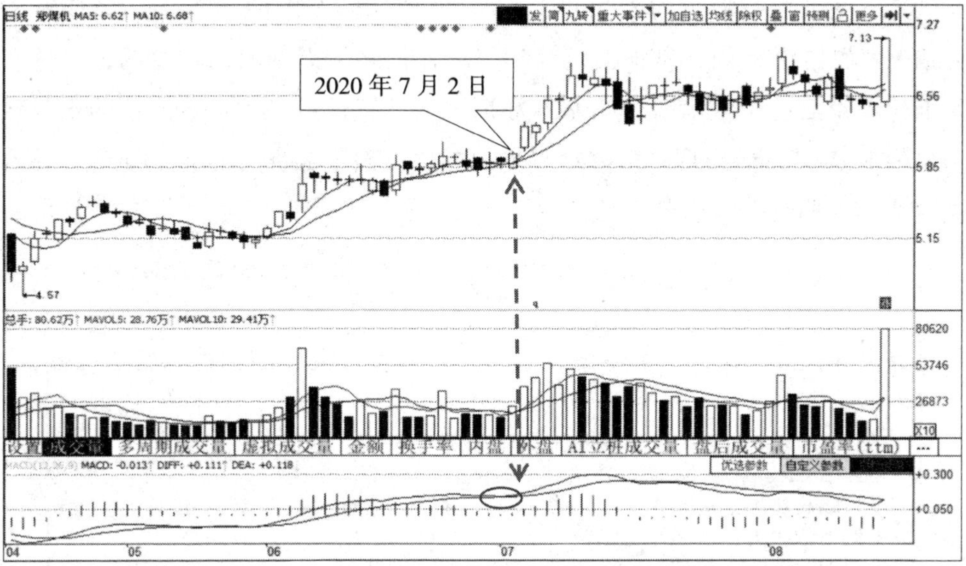

图 7–12 郑煤机（601717）MACD 指标走势图

如图 7–12 所示，郑煤机的股价在 2020 年年中出现了一波振荡上升行情。该股股价经过一段时间的上涨后，出现了调整走势。

2020 年 7 月 2 日，该股股价经过一段时间的横向调整，成交量连续萎缩。MACD 指标即将出现死叉时，MACD 指标中的 DIFF 线向下遇到 DEA 线后，因受到 DEA 线的支撑而重新上行。

次日，该股股价高开高走，MACD 指标中的 DIFF 线与 DEA 线之间的落差越来越大，股价也开始了一波连续上攻走势。当 MACD 指标出现金叉之后死叉不死形态时，就是一个较佳的入场点。

第三节　KDJ 指标形态选股法

KDJ 指标，亦称随机指标，以其超强的灵敏性，成为短线交易者寻找交易时机的最佳帮手。KDJ 指标主要用来反映市场上买卖力量的强弱和超买超卖现象，它能够在股价尚未上升或下降之前发出准确的买卖信号。该指标由乔治·兰恩博士首创，是根据统计学原理，将某个周期内出现过的最高价、最低价及最后一个收盘价作为基本数据，来计算最后一个计算周期的未成熟随机值 RSV，然后根据平滑移动平均的方法来确定 K 值、D 值与 J 值，并绘制成相应的曲线图来研判行情。

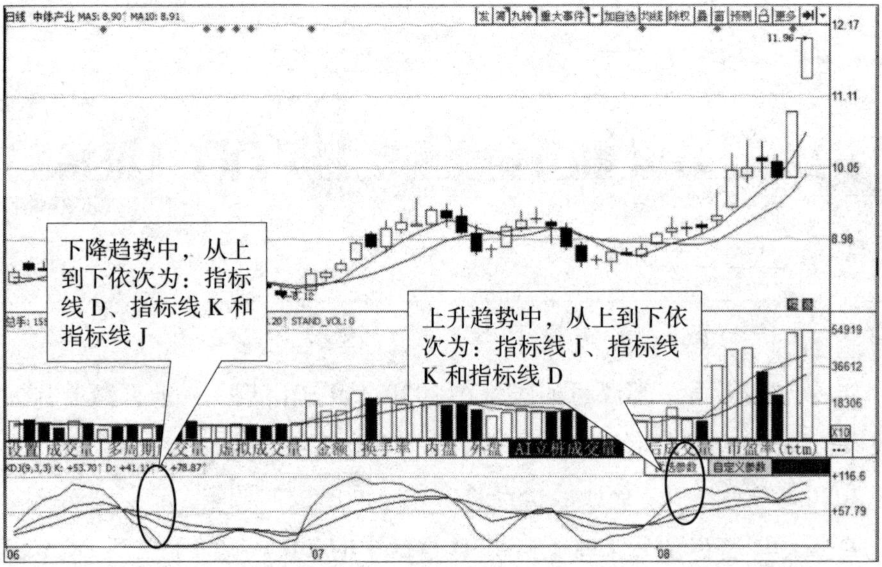

图 7-13　KDJ 指标图示

如图 7–13 所示，KDJ 指标主要由指标线 K、指标线 D、指标线 J、中轴 50 线四部分构成。

KDJ 指标在运行过程中会出现各种形态，这些形态会对未来股价的走势显示出特定的指示含义。其中，对短线选股与交易有重要指导意义的形态，包括 KDJ 指标的超买与超卖、KDJ 指标的金叉与死叉等。

一、KDJ 指标金叉

通常情况下，我们将指标线 K 自下而上穿越指标线 D 形成的交叉称为黄金交叉，也就是说，交叉之后，指标线 K 会逐渐走高，股价也会逐步走高。但是，不可否认，其中有大量的交叉并没有带来股价上涨，因此，质量较高的黄金交叉才是投资者最需要关注的一种形态。投资者也可以借助这种高质量的黄金交叉来完成选股操作。

一般情况下，高质量的黄金交叉应该满足以下几项条件。

第一，指标线 K 和指标线 J 同时自下而上穿越指标线 D，交叉点最好位于 20 线上方附近，这说明股价已经启动反弹或上涨，且短期内存在一定的反弹或上涨空间。

第二，若指标线 K 与指标线 D 在底部多次形成金叉，则可增强买入信号的准确性。

第三，金叉出现时，股价 K 线应以阳线收盘，且成交量同步放大。

第四，金叉出现时，若股价 K 线同步上穿某条重要的均线或阻力位，则可增强买入信号的准确性。

下面来看一下方正证券的案例。

如图 7–14 所示，方正证券的股价在 2020 年年中时段开启了一波振荡走势。股价在上升一段时间后出现了回调，KDJ 指标随之进入超卖区域，说明此时空头力量较强。2020 年 6 月 19 日，方正证券的股价经过几个交易日的回升后，向上突破了 5 日均线和 10 日均线，且成交量同步出现放大迹象。与此同时，KDJ 指标在 20 线上方附近位置形成了黄金交叉，说明此交叉含金量很足，投资者可考虑买入操作。

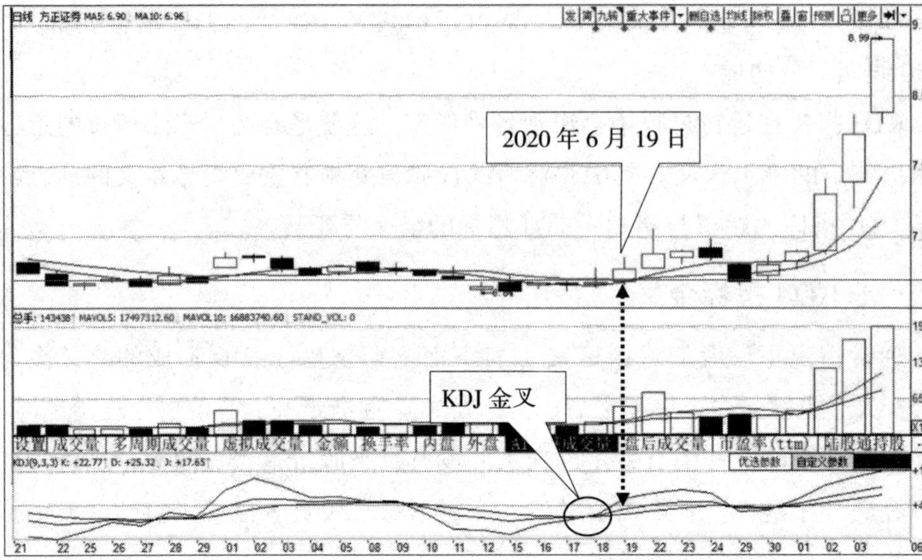

图 7-14　方正证券（601901）日 K 线走势图

二、KDJ 指标超卖后股价转头

KDJ 指标超卖，是指在股价下跌过程中，卖盘逐渐放大，KDJ 指标逐步走低；当卖盘放大到一定程度无法继续放大，KDJ 指标下降的难度就会越来越大，此时就说明指标已经进入超卖区域，未来股价有反弹的可能。

KDJ 指标出现超卖，说明下跌行情很难持续，未来股价有反弹的可能。

通常情况下，KDJ 指标超卖具有如下几个特征。

第一，股价经过一段时间的下跌后，KDJ 指标中的指标线 J、指标线 K 和指标线 D 先后进入超卖区域，即 20 线下方区域。

第二，尽管 20 线被看成是超卖区与徘徊区的分界线，但很多投资者仍然将指标线 K 进入 10 线以下区域才看成指标超卖；指标线 J 很可能会到达 0 线以下区域，才被看成超卖。

第三，指标超卖，说明股价下跌趋势结束的可能性正在增加，但不意味着股价会立即从下跌转为上涨。其实，KDJ 指标发出超卖信号时，很可能是股价跌势最猛烈的时候，也是投资者避之唯恐不及的时刻。

第四，KDJ 指标进入超卖区间后拐头向上，说明市场做空气氛有所缓和，此后，若该股股价出现上攻或突破某一重要阻力位时，则是投资者的最佳入场时机。

下面来看一下梦百合的案例，如图 7–15 所示。

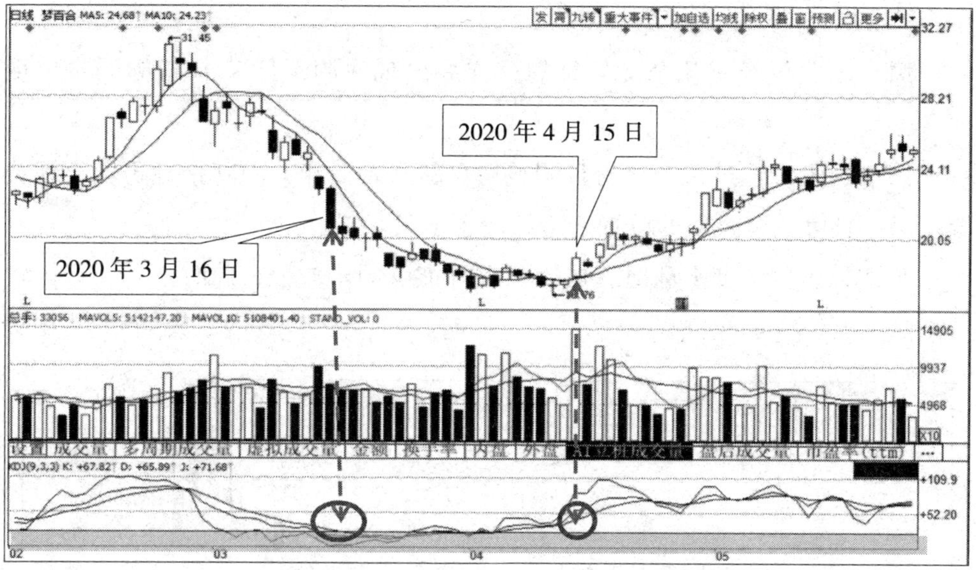

图 7–15　梦百合（603313）日 K 线走势图

如图 7–15 所示，梦百合的股价在 2020 年 3 月出现了一波快速下跌。随着股价的下跌，KDJ 指标中的各条指标线在 3 月 16 日全部进入超卖区域，即 20 线以下区域。其中，指标线 K 进入了 10 线以下区域，指标线 J 一度到达 0 线以下区域，这说明股价短期可能会出现筑底态势，投资者可做好买入股票的准备，待有明确的买入信号发出，可考虑少量建仓。

其后，该股股价经过一段时间的振荡，KDJ 指标开始反向拐头向上，说明市场做空氛围有所缓解，投资者可静待入场信号。

2020 年 4 月 15 日，梦百合的股价出现了强势反弹，股价 K 线一举突破多条均线，并收于均线上方。当日 KDJ 指标出现拐头向上迹象，且各条指标线已经离开超卖区间，这说明市场开始进入上升行情，投资者可考虑追涨买入。

三、金叉重开再买入

KDJ 指标低位金叉，尽管未来上升空间较大，却存在一定的风险。投资者也可以考虑在第二度出现金叉时买入股票，其具体操作要点包括以下几点。

第一，股价经过一段时间的下跌后出现反弹迹象，KDJ 指标同步出现低位金叉。

第二，股价经过几个交易日的反弹后出现回调，且 KDJ 指标同步出现死叉。

第三，股价经过几个交易日调整后重新开始上涨，KDJ 指标再度出现黄金交叉，且第二个金叉的位置高于第一个金叉。

第四，股价二度上涨时，成交量最好能够同步放大，此时就是一个比较安全的买点。

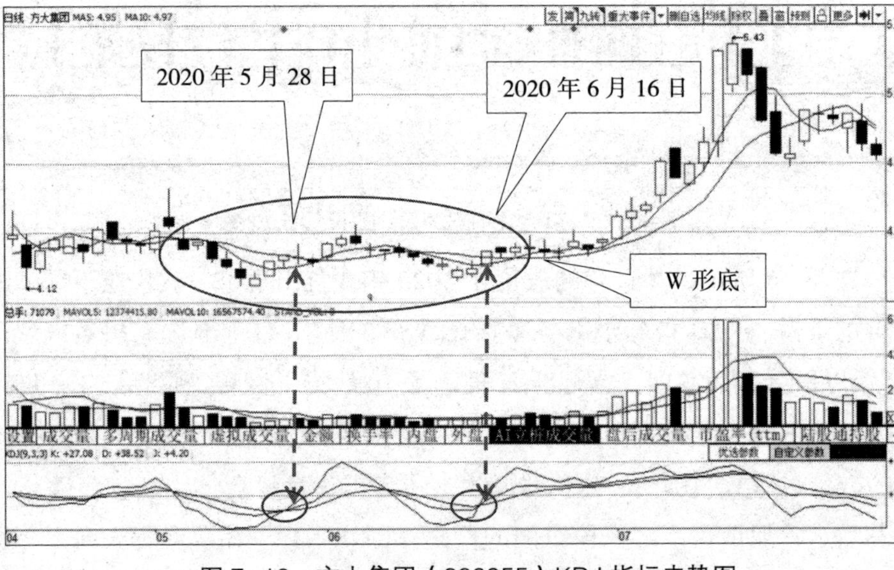

图 7-16　方大集团（000055）KDJ 指标走势图

如图 7-16 所示，方大集团的股价在 2020 年年中出现了一波振荡回调行情。该股股价经历一波调整之后，KDJ 指标随之降至低位。2020 年 5 月下旬，处于下跌途中的股价出现了反弹。5 月 28 日，连续小幅上升的方大集团的股价到达了 10 日均线附近，KDJ 指标出现低位金叉，该金叉位于 20 线上方附近，属于成色较佳的金叉，投资者可入场建仓。

其后，该股股价上涨了几个交易日后出现了振荡盘整，KDJ 指标一路走低。2020 年 6 月 16 日，连续上升的股价 K 线向上突破了 10 日均线，KDJ 指标又一次出现黄金交叉，此时，股价 K 线以阳线收盘，且成交量有所放大，至此，KDJ 指标二度金叉形态出现，投资者可放心买入该股。其实，观察该股股价的两次触底反弹走势，其 K 线运行轨迹形成了一个类似 W 形底的形态，第二个底要高于第一个，这都属于典型的看涨信号。

第四节　布林线指标形态选股法

布林线，又称布林带，英文简称为“BOLL”，是由约翰·布林格（John Bollinger）发明并以其名字命名的。该指标是根据统计学中的标准差原理求出股价的信道区间，从而划定股价的波动范围，并预测未来可能的走势，同时利用波带显示股价安全的高低价位。如图 7–17 所示。

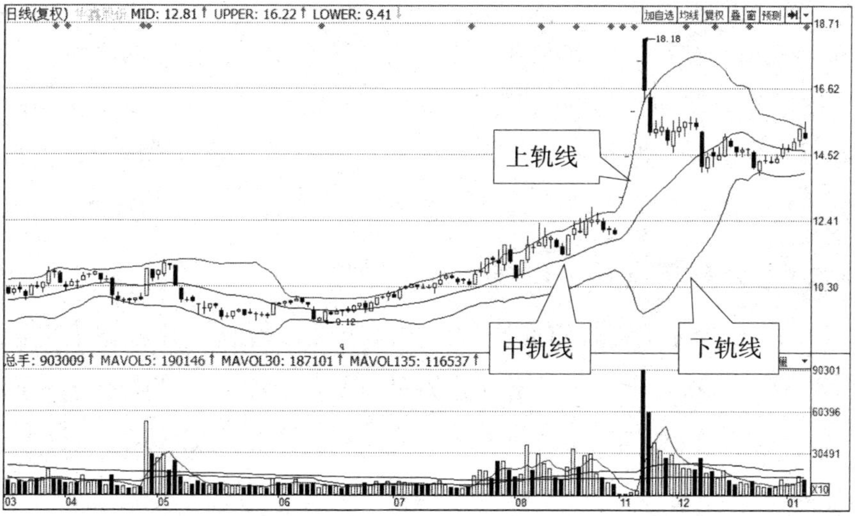

图 7–17　BOLL 指标图示

布林线由三条曲线组成，分别是上轨线、中轨线和下轨线。其中，上轨线和下轨线之间的区域构成了布林线指标的价值通道，即布林通道，而中轨线为股价波动的中轴线。

布林线的研判要点包括它的三条轨道线以及由上下两条轨道线勾画出的喇叭口形态。

第一，布林线轨道线的研判。

布林线的三条轨道线中，中轨线是构成布林线的基础，这条中轨线是以20日均线为核心的。也就是说，布林线的三条轨道线本质上都具有与均线相似的支撑与阻力作用。相对而言，布林线上轨的阻力作用更强一些，而布林线的下轨支撑作用更强一些。一旦股价的运行脱离了布林线喇叭口区域，则说明股价处于一种非常态运行区间，未来肯定是要回归到布林线内部的。

第二，布林线喇叭口的研判。

布林线的喇叭口为股价描述了一个正常的波动区域，当喇叭口的口越来越大时，意味着股价波动的范围越来越大，当然这可能是股价上涨引起的，也可能是股价下跌引起的；当喇叭口越来越小时，说明股价波动的范围越来越小，这说明股价可能在重新选择突破的空间，投资者宜密切关注股价运行趋势可能发生的变化。

布林线指标独特的带状设计，为投资者判断股价运行空间提供了重要参考。同时，布林线喇叭口的收缩也为股价运行趋势的改变提供了交易指示意义。在投资实战中，布林线指标的有效性已经得到了充分的肯定，因而，应用布林线指标发出的买入信号选股，也是一种相对比较可靠的选股方法。

一、上升趋势确认：K线上穿中轨线

股价K线经过一段时间的调整后启动上升，当股价K线向上突破布林线中轨线时，意味着股价将由下降趋势转为上升趋势。其操作要点如下。

第一，股价K线向上突破布林线中轨线时，若成交量同步出现放大态势，则可增加突破的有效性。

第二，若股价K线向上突破中轨线时，布林线的喇叭口同步向右上方倾斜且呈放大态势，则可强化趋势转变的有效性。

下面来看一下金科文化的案例，如图 7–18 所示。

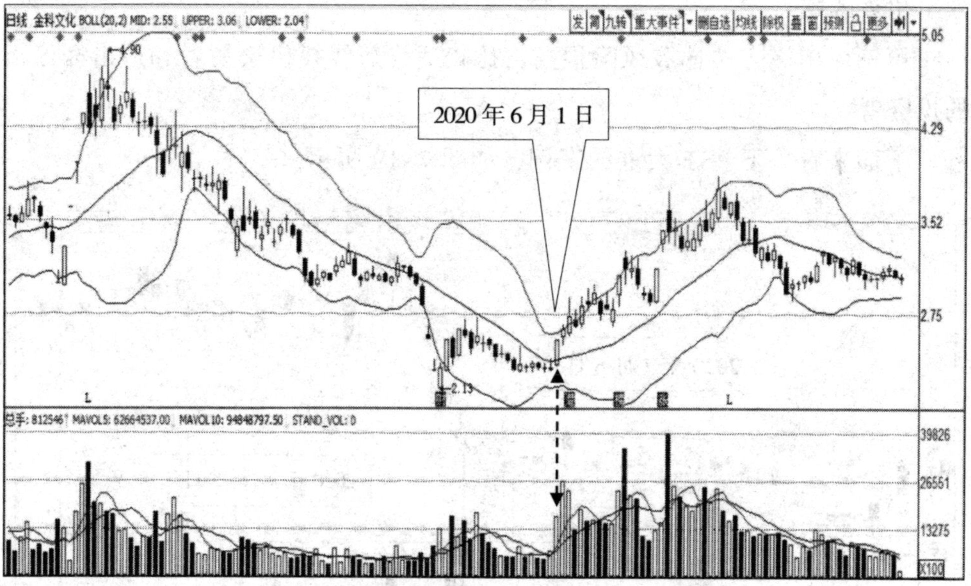

图 7–18　金科文化（300459）日 K 线走势图

如图 7–18 所示，金科文化的股价自 2020 年 2 月出现回调走势，成交量随之出现萎缩态势，布林线喇叭口出现收缩状态。2020 年 6 月 1 日，金科文化的股价向上突破中轨线，喇叭口同步出现放大态势且向右上方倾斜，成交量同步出现放大态势，这属于典型的买入信号，标志着股价 K 线的运行趋势将由下降趋势转为上升趋势。

此后，该股出现了一波振荡上涨行情。

二、趋势加速：K 线脚踩上轨线

股价 K 线经过一段时间的上升后，向上突破布林线上轨线，股价脚踩上轨线上升，说明该股股价有加速上升的态势，也就是说原有的上升趋势将获得加速。

该方法的操作要点如下。

第一，此段时间可能是股价上升势头最猛烈的时段，也是最危险的时段，一旦股价回到布林线上轨线下方，则意味着股价上升趋势有结束的可能。

第二，投资者若使用 KDJ 指标佐证该信号，就会发现 KDJ 指标已经进入了超买区域。

第三，用该方法选股风险很高，比较适合短线投机交易者和追击涨停板的投资者。

下面来看一下 *ST 大港的案例，如图 7-19 所示。

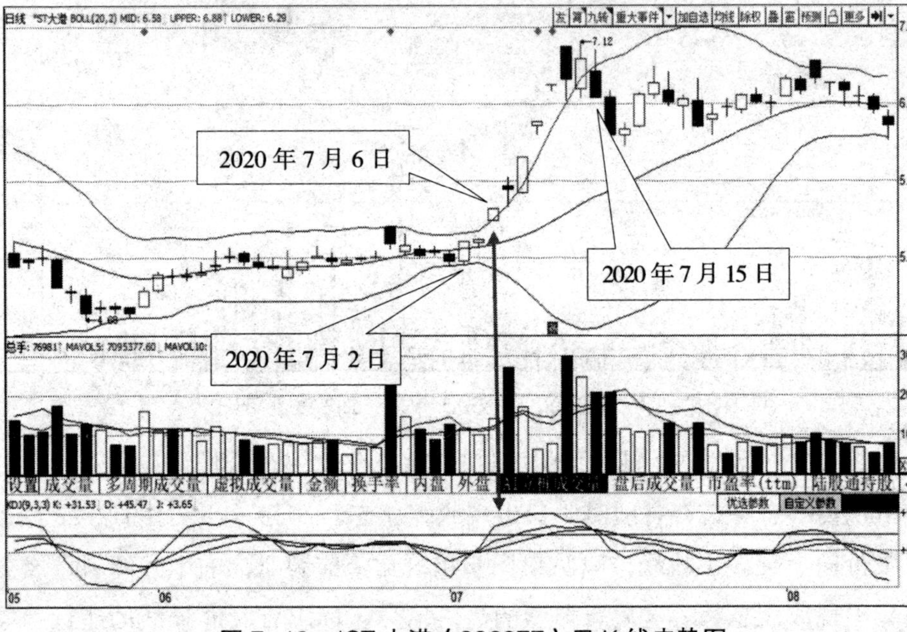

图 7-19 *ST 大港（002077）日 K 线走势图

如图 7-19 所示，*ST 大港的股价自 2020 年 7 月 2 日触及布林线下轨后反弹向上，成交量随之出现放大态势，布林线喇叭口出现放大状态，说明该股股价结束下跌，开始反弹向上。此后，*ST 大港的股价经过一段时间的上升后，连续突破了中轨线和上轨线。2020 年 7 月 6 日，股价 K 线脚踩布林线上轨线上行，这说明股价上升趋势已经开始加速，投资者可考虑追涨买入操作。

2020 年 7 月 15 日，该股股价连续多日跌破布林线上轨线，说明股价上升趋势有结束的可能，投资者可考虑执行卖出股票的操作。

三、博弈反弹：股价触及下轨线反弹

通常情况下，当股价处于下行趋势时，投资者应该回避这类股票，不过，股价持续下跌并下跌至布林线下轨线附近时，可能会受下轨线的支撑而拐头向上，这意味着股价很可能进入反弹区间，喜欢搏反弹的投资者可考虑入场。其操作要点如下。

第一，在股价下跌途中，成交量出现了萎缩，而当股价触及下轨线反弹时，成交量同步出现放大态势，则可增强股价反弹成功的可能性。

第二，股价偶尔可能会跌破下轨线，其反弹后重新回归布林通道内，则可增强反弹信号的有效性。

第三，股价连续下行的幅度越大，遇下轨线支撑后，反弹的幅度可能越高。

第四，相比较而言，股价触及下轨线反弹，并不能预判股价运行趋势的彻底转变，也许只是一次小型的反弹，因而投资者必须注意回避风险。

下面来看一下普丽盛的案例，如图 7-20 所示。

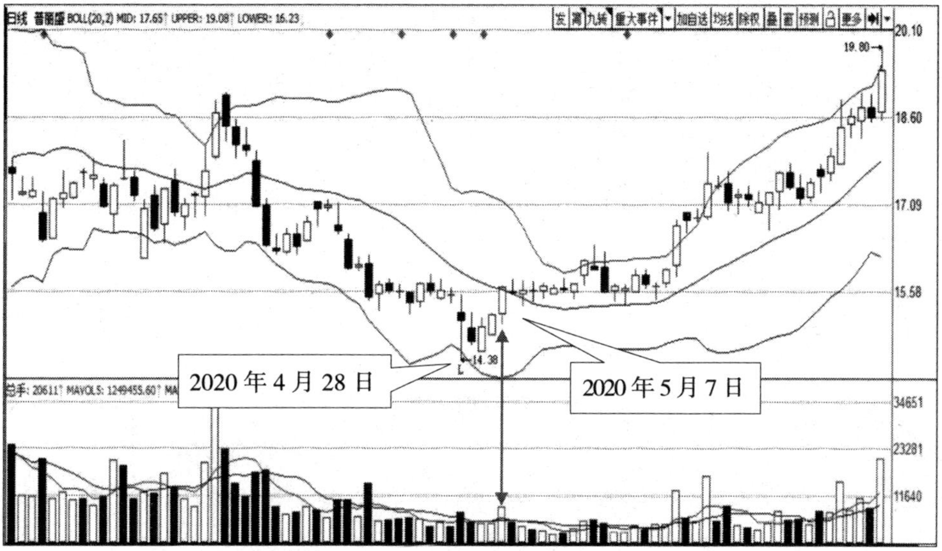

图 7-20 普丽盛（300442）日 K 线走势图

如图 7-20 所示，普丽盛的股价自 2020 年 3 月下旬开始出现振荡下行走势。2020 年 4 月 28 日，该股股价触及布林线下轨线后出现反弹。此后，该股股价出现了反弹走势，不过，成交量并未明显放大，投资者可以保持关注或少量建仓。

此后该股股价连续上攻。5 月 7 日，股价放量向上突破布林线中轨线，至此，该股反弹趋势基本确立，投资者可积极入场建仓。

第八章

题材股、热点股选股法

题材股、热点股是很多短线交易者喜欢追逐的对象，属于典型的事件驱动型选股法。从短期来看，上涨幅度高、涨势猛的股票，往往都是这些题材股和热点股。不过，对于普通投资者来说，题材股、热点股也是最难把握、最难操作的一类股票，稍有不慎就有可能损失惨重。

第一节　题材概念与龙头股

市场上永远不缺乏炒作的概念。概念是市场上的投资者有意或无意制造出来的一种充满想象力的东西。一只股票也许很长时间都默默无闻，业绩也很一般，但是，如果它被赋予了某一热门概念，股价就可能一飞冲天。反过来再观察这只股票，我们会发现它的基本面没有发生丝毫的变化，可是股价却出现了暴涨，这就是概念炒作的结果。

概念因素的持续性是判断其炒作价值的一条重要标准。如果某一概念可以长时间地持续下去，那么，该股就有可能被反复炒作，投资者就可以选择低位买进该股，然后再高位卖出；反之，如果概念的持续性较差，也就是说，这种概念只在某一时间段内出现，那么，投资者炒作这类股票时，就要十分谨慎，一定要做到“快进快出”。

概念因素依照持续时间的长短，可以分为可持续性炒作概念和非可持续性炒作概念两种。

一、可持续概念——免税概念

可持续概念是指在未来几年之内都可以被用来反复炒作而不过时的概念，如时下比较热门的免税概念、芯片概念、国产操作系统概念等。

选择具有可持续概念因素的股票时，应注意以下两点。

第一，看概念的远期愿景。当一只股票被赋予的某种概念越具有远期发展愿景时，就越容易受到政府相关政策的支持，社会经济条件也会出现对其利好的因素，从而引发市场对其进行炒作。也就是说，当一只股票被赋予的概念越具有远期发展愿景，就越容易被多次炒作。

第二，看概念的独特性。当一只股票具有的概念为其他股票不具备时，那么，这只股票上涨的幅度就会相当可观。也就是说，具有同一概念的股票越少，这些概念股涨停的可能性就越大。

2020 年，免税概念绝对是众多概念题材中最火爆的一个。由于受到疫情和中美贸易纠纷等诸多外界因素的影响，外贸形势非常严峻。为了鼓励消费，促使海外消费回流，国内的免税政策开始放宽。与此同时，截至 2020 年，国内免税店数量仍是非常少的，且与国外相比，无论是规模还是品种等方面都处于起步阶段。也就是说，随着免税政策的推广，获得相关牌照的企业将会成为最大的受益者。因此，放宽免税政策的消息发布后，一时间，以中国中免、王府井等为代表的免税概念股风光无二。

2020 年 6 月 9 日，王府井发布公告称，该公司已经获得了财务部授予的免税品经营资质，允许公司开展免税品经营业务。自该日开始，该公司股票连续拉出了多个涨停板，如图 8-1 所示。

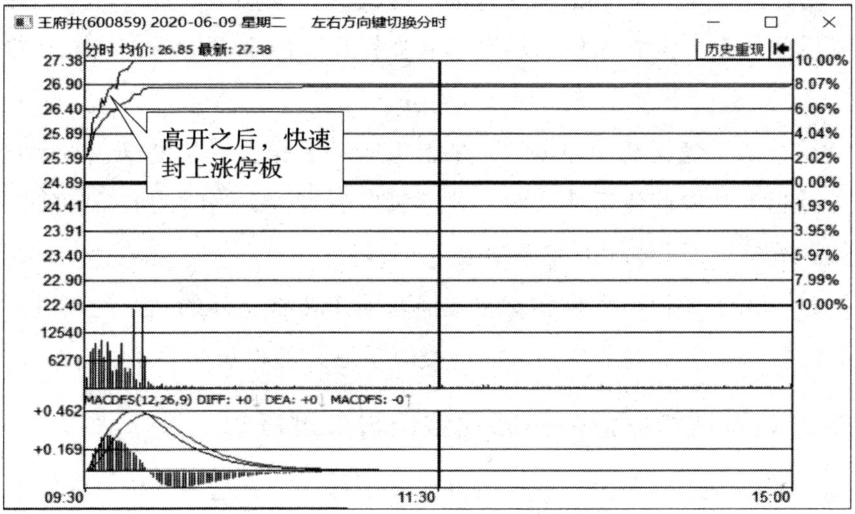

图 8-1　王府井（600859）分时走势图（2020.6.9）

图 8-1 为王府井 2020 年 6 月 9 日的分时走势图。从图中可以看出，该股股价在 6 月 9 日当天走势极强。

再来看一下王府井的日 K 线走势图，如图 8-2 所示。

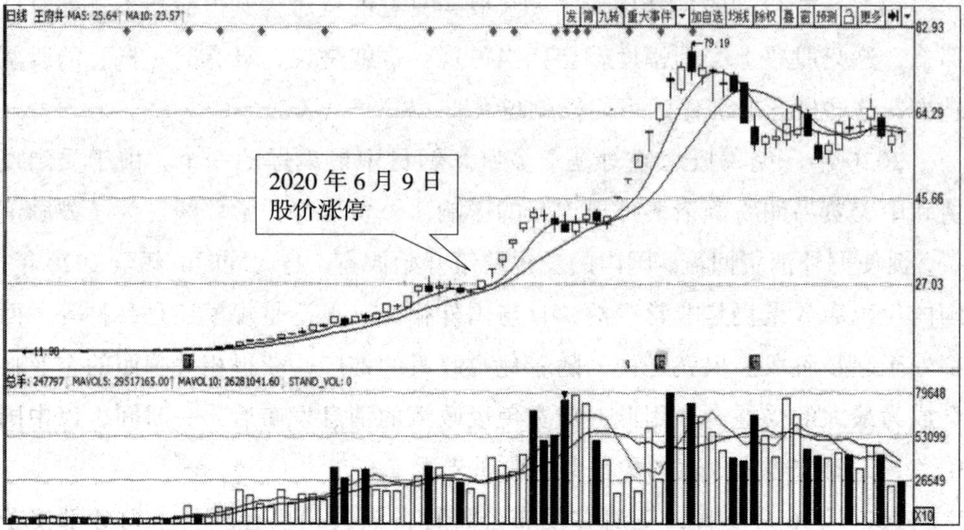

图 8-2　王府井（600859）日 K 线走势图

如图 8-2 所示，王府井的股价在 2020 年 6 月 9 日公告发布获得免税资质前，已经经历了一波大幅上涨行情。这说明尽管直到 6 月 9 日王府井获得免税资质的公告才发布，但市场上早有先知先觉的资金提前入场推动股价上行了。

其后，由于免税概念被爆炒，加上王府井本身属于免税概念的大龙头，之后又掀起了几轮炒作行情。对于普通投资者来说，当时的股价确实已经上升至较高的位置，参与其中会存在被套的风险。

不过，由于免税概念确实对企业而言属于非常实际的利好，其后可能推动企业业绩与股价双双上升，因而这类股票还是值得长期关注的。

二、非可持续概念——新冠疫情与口罩概念

非可持续概念是指由一些突发性事件引起的，在短时间内对具备某一类共性的股票产生影响的因素。非可持续概念与可持续概念不同，这类概念股票的持续时间要看突发事件持续时间的长短，如果突发事件消失，那么这类股票就失去了继续炒作的价值，其股价也会随之回落。

选择具有非可持续概念因素的股票时，应注意以下两点。

第一，概念的突发性。如果这一概念是以前从未出现的，那么，往往意味着市场资金对这一波的炒作将会十分凶狠，投资者一定要积极跟进。反之，如果这一概念市场已经炒作过了，这时投资者就需要谨慎行事，以免被套。

第二，看概念的独特性。当一只股票具有的概念为其他股票不具备时，那么，这只股票上涨的幅度就会相当可观。也就是说，具有同一概念的股票越少，这些概念股涨停的可能性就越大。

例如，2020年年初，新冠疫情爆发。由于口罩对人具有一定的防范病毒的保护功能，因而口罩价格在短期内被爆炒。一时间，只要生产口罩，甚至与口罩有关的企业，无论是否会对业绩产生推动作用，股价都会被大幅推升。其中，泰达股份就是一只典型的口罩概念龙头股，如图8-3所示。

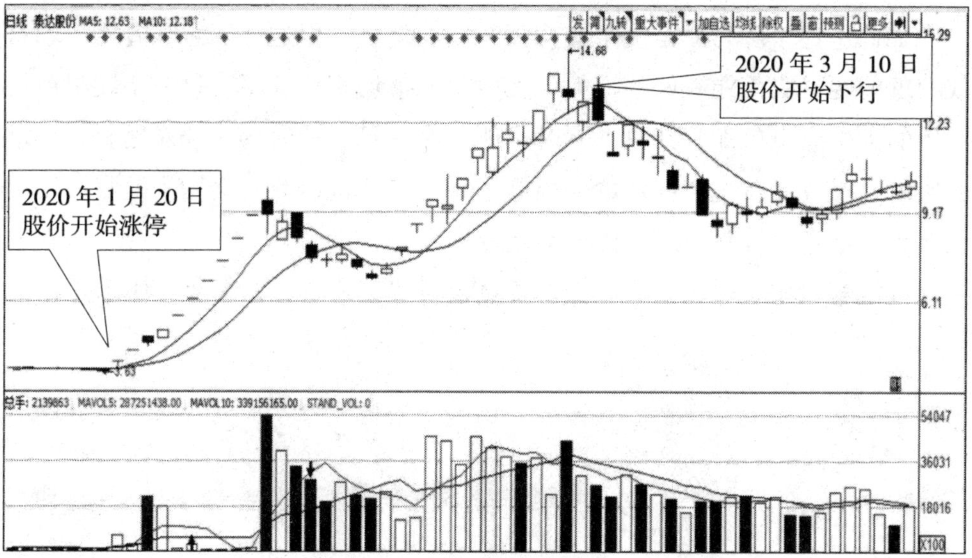

图 8–3　泰达股份（000652）日 K 线走势图

如图8-3所示，由于新冠疫情不断蔓延，口罩越发成为紧俏商品。泰达股份作为口罩滤材生产厂家，可为口罩生产企业提供原材料，也能通过为口罩生产企业供应原材料的方式换回大量口罩。正因如此，泰达股份成为市场上口罩企业的绝对龙头。该股股价自2020年1月20日开始，连续多日猛烈上攻。投资者可在股价即将封上涨停板时抢入该股，并在次日开盘后股价冲高时执行卖出操作，几个交易日内就可以完成股价的翻倍。

其后，经过短暂的回调整理后，在疫情不断蔓延的催化下，该股股价再度暴涨。到 2020 年 3 月 10 日，该股股价已经从 1 月下旬的 3.63 元上涨至 14.68 元。

不过，大家应该清楚，疫情最终会被战胜，因此，这种以疫情为契机的炒作概念往往不会持续太长时间。一旦炒作结束，概念过气，这类企业的业绩还会回归，因此股价下跌也是一种必然。

因此，炒作这类概念不可持续的股票时，投资者必须要做到快进快出，以免被套其中。

三、题材股中找寻大龙头——地摊经济

如前所述，题材股是一个盛产强势股的金矿，但这并不意味着所有题材或相近的题材股都能有好的涨幅。无数次的市场实践证明，每一个题材所能催生的大牛股也就那么几只，有时可能只有一只。这时候，选对题材、选准股票就是投资者首先需要考虑的问题了。换句话说，只有选到了题材股中的大龙头，才是强势股交易成功的关键。

在题材股中找寻大龙头的操作要点包括如下几点，如图 8-4 所示。

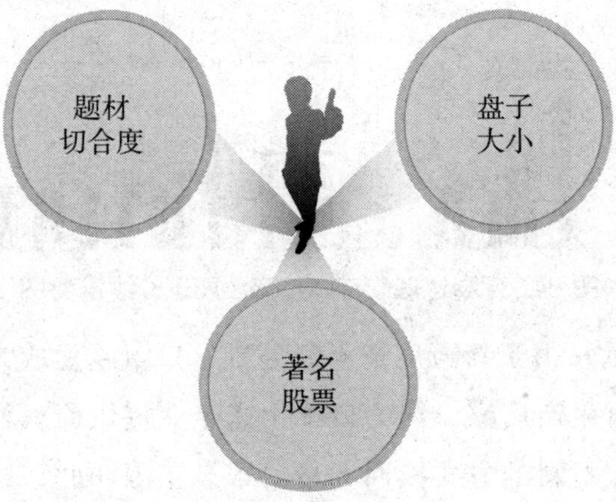

图 8-4　寻找大龙头的方法

第一，题材切合度。题材切合度越高，就越容易获得市场资金的青睐，也越容易成为资金炒作的龙头股。

第二，盘子大小。通常情况下，盘子相对较小的股票，更容易获得资金的青睐。市场上，短线操作股票的资金以游资为主，他们的资金都有相当高的成本，因此，盘子相对较小的股票更容易成为他们的猎物。

第三，通常情况下，某一题材板块中若有比较著名的股票，往往更容易成为领涨的龙头股。炒作资金需要被操作的对象具备一定的关注度，特别是炒作接近尾声时，需要有人来接盘，只有股票具备较强的热度，才能吸引足够的跟风盘，以确保炒作资金的安全，最终顺利撤出。正因如此，投资者在操作强势股时，应避免介入股价被拉升至较高位置的股票。

2020年6月1日，国务院总理李克强在山东烟台考察时，曾经到访过地摊，了解当地商业经营的发展情况。李克强总理说：“地摊经济、小店经济是就业岗位的重要来源，是人间的烟火，和‘高大上’一样，是中国的生机。”一时间，地摊经济成为股市中最热门的概念。地摊概念板块股票掀起了一轮暴涨走势。

小商品城是地摊经济中非常有代表性的一只股票。由于其是国内最大的小商品交易平台，很多地摊从业人员都从小商品城进货，因而，当地摊经济概念启动时，小商品城第一时间成为领涨的龙头股，如图8-5所示。

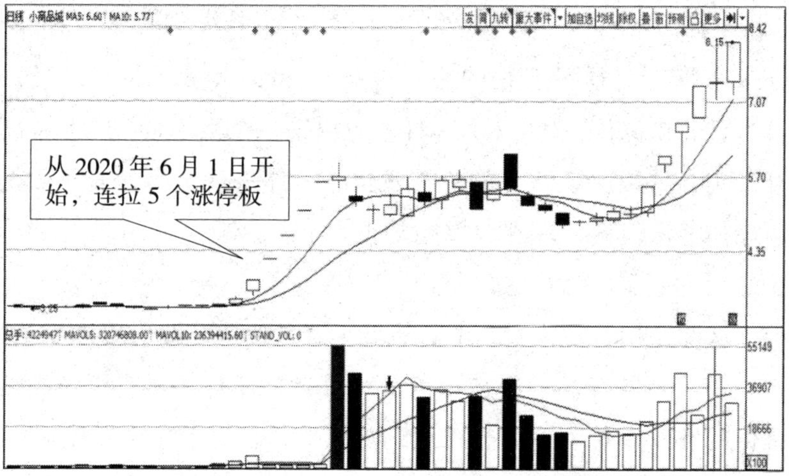

图8-5　小商品城（600415）日K线走势图

如图 8-5 所示，小商品城的股价自 2020 年 6 月 1 日启动，至 6 月 5 日拉出第五个涨停板，由此可见该股股价走势之强。

再来看一下地摊经济概念板块中的另一只股票——迪马股份。迪马股份是一家专用车生产企业，目前有多种餐饮车在售。由于很多地摊餐饮都需要餐饮车，因而，迪马股份也成为地摊经济概念的热门股票。

下面看一下该股的日 K 线走势情况，如图 8-6 所示。

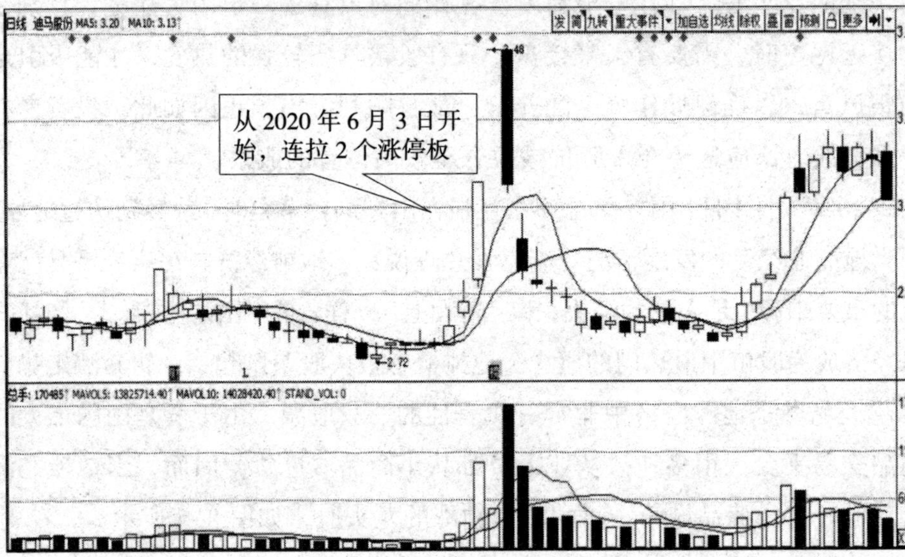

图 8-6　迪马股份（600565）日 K 线走势图

如图 8-6 所示，迪马股份的股价也是自 2020 年 6 月 1 日启动，不过，该股股价当日并未涨停，直到 6 月 3 日才拉出第一个涨停板。其后的 6 月 5 日，该股平开低走，并以接近跌停的价格收盘。总体来看，尽管迪马股份与小商品城同属地摊经济概念，但涨幅差距却很大。

下面来对比一下二者的基本情况。

第一，从题材切合度来看，小商品城无疑是比迪马股份更加合适的标的。毕竟地摊经济经营的商品需要从小商品城进货，而且还具有可持续性，而迪马股份提供的餐饮车仅为一部分摊点的需求品，且属于一次性投资品。

第二，从盘子大小来看，小商品城的总股份数为 54.43 亿股，启动前价格（5

月29日收盘价）为3.45元，总市值为187.78亿元；迪马股份的总股份数为24.36亿股，启动前价格（5月29日收盘价）为2.76元，总市值67.23亿元。也就是说，从盘子大小来看，迪马股份的盘子更小。不过，鉴于目前市场上每天1万亿元的总交易量，小商品城187.78亿元的市值并不是很高，很多游资都可以撬动这类股票。

第三，从股票知名度来看，小商品城从名称上来看，要比迪马股份更加符合地摊经济的概念，也更容易成为游资追捧的标的。

基于以上分析，在地摊经济炒作的浪潮中，小商品城是一只绝对的龙头股，是参与炒作的首选标的，而迪马股份则只是跟随者。

第二节　题材概念的类别

一般来看，容易被资金热炒的题材或热点概念股票，大多具备这样几个因素，包括宏观政策利好、重组因素、业绩预增、突发性利好等。投资者若想追逐题材股或热门概念股，需要在这几个维度深度挖掘相关题材。

一、宏观政策利好

宏观政策的发布，会对某一行业或某一类企业的经营发展构成实质性的影响，主力则借此推动这类行业或企业的股票价格向上攀升。在此期间，就会有涨停板出现。

1. 区域发展规划驱动涨停

区域发展规划是关于一定地区的资源开发利用，环境治理保护与控制，生产建设布局，城乡发展以及区域经济、人口、就业政策的综合性规划。目前我国的区域发展规划既有国家制定的，也有地方省市制定的。一般情况下，国家制定的区域发展规划对该区域上市公司股票的提振作用是比较明显的。

国家确定区域发展规划后，就会在相关政策、资源等方面给予该区域一定的扶持，这样就会带动该区域的经济发展，从而使处于该区域的上市公司的业绩取得突飞猛进的发展。投资者应该清楚，并不是处于发展规划区域内的企业都会获得一定的扶持。在确定区域发展规划时，已经设定了该区域发展的重点行业，只有属于重点发展行业内的企业，才会获得较大力度的扶持。

投资者如果以区域发展规划为标尺选择涨停股，应该重点考虑以下几点。

第一，该股票所属的公司是否属于国家区域规划内的企业。同样是区域规划，层次不一样，国家的扶持力度也会有所区别。例如，如区域规划上升到国家战略层面，就会比一般的区域规划获得更多的扶持。

第二，该股票所属的行业是否属于区域规划内重点扶持的行业。如果该股票所属的行业为国家准备淘汰的落后产能，或者属于夕阳产业，那么，这样的股票也是难以冲击涨停板的。

第三，挑选走势最强的股票。如果投资者难以判断哪只股票是最直接的受益股，可以在同一板块内部选择短期内走势最强的股票。

海南自由贸易港是按照中央部署，在海南全岛建设的自由贸易试验区和中国特色的自由贸易港，是党中央着眼于国际国内发展大局，深入研究、统筹考虑、科学谋划做出的重大决策。

2020 年 6 月 1 日，中共中央、国务院印发了《海南自由贸易港建设总体方案》，并发出通知，要求各地区各部门结合实际认真贯彻落实。一时间，海南自贸港概念板块出现了热炒的浪潮。

海德股份属于典型的海南本地股，其所处的行业为房地产开发、酒店以及制药等，同时还有不良资产管理等业务。海南自贸港建设将会对该股有直接利好效应，因而，在《海南自由贸易港建设总体方案》发布前后，海德股份的股价出现了一波暴涨行情。

如图 8–7 所示，海德股份的股价在 2020 年 5 月初开始横向筑底走势，波动较小，股价正在选择突破方向。到了 5 月下旬，股价突然下挫，给人一种即将向下突破的感觉。前面介绍股价突破形态时曾经说过，当主力将要拉升股价时，往往可能先向下打压一段空间。此时，投资者要密切关注股价的变化。

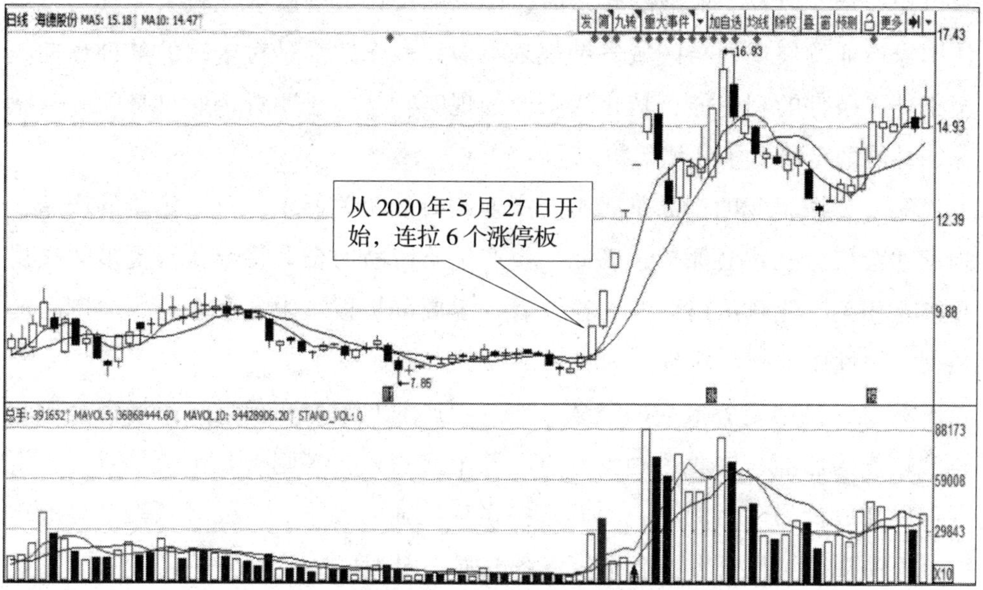

图 8–7　海德股份（000567）日 K 线走势图

2020 年 5 月 27 日，该股股价突然放量拉升至涨停板，当时市场就有传闻，海南自贸港的相关规划文件将要出台。此后几个交易日，该股股价连续拉出涨停板。到了 6 月 1 日，相关规划文件正式出台。该股股价又连续拉出两个涨停板，然后才宣布拉升结束，股价开始进入高位调整走势。

对于散户来说，很难提前掌握这类消息，而消息一旦公布出来，可能股价已经被拉升至高位，此时若要追涨，必须做好随时撤退的准备。同时，这类在消息公布前已经大涨的股价，其实已经不适合普通投资者再入场了，毕竟风险过高。

2. 产业发展规划驱动涨停

国家为了推动产业战略转型，引导相关行业的发展，会在不同时期发布若干项产业发展规划。

投资者如果以产业发展规划为标尺选择涨停股，应该重点考虑以下几点。

第一，该股票所属的产业是否属于国家重点扶持产业。同样是产业规划，层次不一样，国家扶持的力度也会有所区别。例如，有的产业规划涉及到国家产业布局，以及产业战略转型时，国家的扶持力度就会比较大。其实，炒作国家产业发展规划与区域发展规划类似，炒作的都是对未来的某种预期，至于外界条件的利好能否转化为企业的现实收益，还要看企业自身的经营状况、外界的市场竞争环境等。

第二，该企业的产品是否符合产业政策的相关要求。只有优质的产品，国家才会扶持，才会保护，因此，生产优质产品的企业将会获得更多的扶持政策。相关产业政策出台时，投资者一定要分析板块内各个企业生产产品的类型、属性以及产品质量，为自己的投资“把好关”。

第三，挑选走势最强的股票。在一项产业政策发布前后，市场都会掀起一波炒作的热潮，这股热潮少则持续几个交易日，多则十几个交易日。投资者可以在股价启动后的第一时间选择走势最强的股票。“强者恒强”是股市中永恒的规律。投资者不能指望弱者变强，因为那会浪费许多时间。

例如，2020 年 7 月中旬，农业农村部出台了《全国乡村产业发展规划》。《规划》要求推进聚集发展，集聚资源，集中力量，建设富有特色、规模适中、带动力强的特色产业集聚区。用 3 至 5 年的时间，培育一批产值超 1 亿元的特色产业专业村，培育一批产值超 10 亿元的农业产业强镇，培育一批产值超 100 亿元的现代农业产业园，培育一批产值超 1000 亿元的骨干优势特色产业集群，培育一批产值超 100 亿元的优势特色产业集群。

一拖股份主要从事农业机械、动力机械及其零部件产品的研发、制造和销售。大中型拖拉机及非道路柴油机均处于行业领先地位，主要产品为各类轮式拖拉机、履带式拖拉机、柴油机等，适用于农业运输、耕种环节。也就是说，对于一拖股份来说，这份乡村产业发展规划，对其业绩具有很大的提振作用，因此，从 2020 年 7 月下旬开始，一拖股份连续拉出了多个涨停板，如图 8–8 所示。

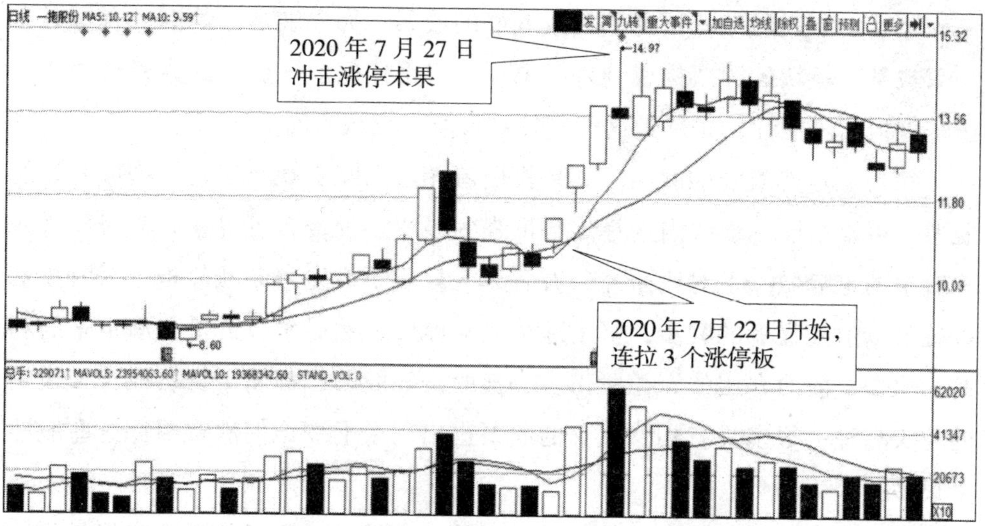

图 8-8 一拖股份（601038）日 K 线走势图

如图 8-8 所示，一拖股份的股价在 2020 年 7 月下旬规划刚出台时，并未表现得有多积极，而是反向向下运行。到了 7 月 22 日，市场对乡村产业规划的解读与炒作开始升温，一拖股份在开盘后不久就封上了涨停板，其后更是连续拉出了 3 个涨停板。

2020 年 7 月 27 日，一拖股份的股价冲击涨停未果，在 K 线图上留下一根长长的上影线，投资者应该能够预感到可能到来的风险。此后，该股股价出现了一波振荡回调走势。

上面介绍的宏观政策都是政府的系列举措。无论是区域发展规划还是产业发展规划，都不是一蹴而就的，而是一项长期的政策。事实上，国家的很多宏观政策是独立出现的，或者是有针对性出台的，如针对证券市场投机过度的行为，政府相关部门就可能出台一项政策，抑制投机行为。

一般情况下，国家出台针对某一问题的宏观政策都是比较突然的，在市场还没有觉醒之时就发布了。其反应也是很大的，尤其是一些有具体针对性的政策，市场都会做出很剧烈的反应。当某些政策对个股构成实质性利好时，一些股票就会率先奔向涨停板，这就是我们要重点研究的问题。究竟哪类股票容易冲向涨停板？答案是，具有下列特征的股票最容易冲击涨停板。

第一，宏观政策直接对其构成利好的股票。如果宏观政策能够直接对某一只或某一板块的股票构成利好，那么，将直接增加该股票或该板块股票冲击涨停板的可能性，尤其是这种利好被市场广泛认可时。

第二，走势最强的股票。如果投资者无法判断宏观政策直接构成利好的股票，可以在同一板块内选择走势最强的股票。投资者可以在开盘时段将几只股票的走势做一下对比研究，看看哪一只股票最先奔向涨停板，这时投资者就可以追随强者的脚步，坚定地买入涨停股，然后坐收股价上涨带来的利润。比如，前面介绍的海德股份、一拖股份等股票，都属于各自概念板块中的龙头品种，很多具有相似概念的股票也出现了上涨，但涨幅要比这些股票小很多。

第三，盘子小，拉升比较容易的股票。当然，投资者如果选走势最强的股票嫌麻烦，也可以找盘子最小的股票。由于很多宏观政策发布时市场并没有预先得到情报，所以，当政策发布时，很多买入盘不得不紧急买入股票。在这些目标股票中，盘子小的股票是非常容易被拉升到涨停板位置的，因为这些股票的盘子较小，筹码有限，蜂拥而入的买盘拼命拉升股价，股价就很容易被打到涨停板的位置。不过，由于市场的资金量越来越多，每天的成交量常常超过 1 万亿元，因而，对于小盘股的定义也有所变化。目前，市值在两三百亿元的中小盘股票，很多游资都能轻松地驾驭。

二、重组因素

资产重组是市场中永恒的炒作话题。资产重组是上市公司进行资源有效整合的一种方式，也是市场中资本运作的重要途径。事实上，资产重组已经成为股票市场上一个重要的炒作概念，但凡有资产重组的可能或意向，市场都会出现一股炒作的热潮，股价也会发生翻天覆地的变化。

股票市场上演绎了许多“丑小鸭变小天鹅”的故事，其实都是由资产重组引发的，因此，有资产重组预期的股票也是最容易出现涨停板的。只要有重组，就会有资金关注，但是，重组类型不一样，股价的走势也会出现差异。

收购资产进行重组的情况是比较多的，上市公司之间、非上市公司与上市公司之间，经常为了利润而进行收购和重组。重组一般都会造成相关股票的股价剧烈波动，有时甚至会连续数日出现涨停板。对于普通股民来说，这种情况属于可遇而不可求，因重组而获利者往往都是能提前了解到重组内幕消息的人。

机会永远属于有准备的人。尽管作为一名普通投资者无法确切知晓重组的具体时间，但俗话说“没有不透风的墙”，将要重组的股票，在走势上、成交量上或多或少也会露出某些“痕迹”，投资者只要抓住这些“痕迹”，就能摸准重组的“脉搏”。

收购资产进行重组的股票，投资者应该注意以下几点。

第一，密切关注目标股票的消息面，包括小道消息。一般一只股票重组之前，市场上往往都会流传一些该股将要重组的消息，这时投资者要为出手做好准备。

第二，关注该股成交量的变化。每当股票重组即将开始之时，市场上总会有一些先知先觉的资金流入这类股票。投资者一旦发现这类有重组传闻的股票出现大量资金流入，就可以适时出击，选择买入该股。

第三，控制好风险。投资者应该清楚，作为一个没有内部消息渠道的投资者，狙击重组股的风险是非常高的，因此，最好选择自己的闲置资金买入这类股票，且不要全仓买入，控制好风险。投资者买入这类股票时，一定要能承受重组失败、股价大幅下跌带来的冲击。

先来看一下一汽解放的重组案例。

2019 年到 2020 年期间，一汽集团内部整合重组，引发了市场上对相关股票的追捧。如图 8–9 所示。

进入 2019 年后，一汽集团内部重组被提上日程。2019 年 3 月 27 日，上市公司一汽解放汽车被注入上市公司一汽轿车，从此之后，一汽轿车正式更名为一汽解放。该公司经过数个交易日的停牌后，自 2019 年 4 月 12 日复牌，一汽解放连续拉出了 4 个涨停板，由此可见市场对资产重组的认可。

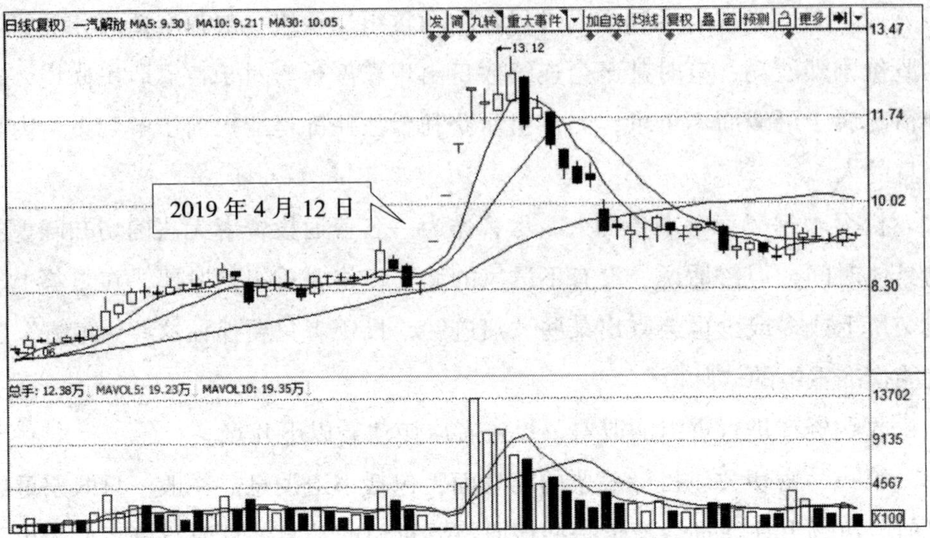

图 8-9 一汽解放（000800）日 K 线走势图

再来看一下格力地产的重组案例，如图 8-10 所示。

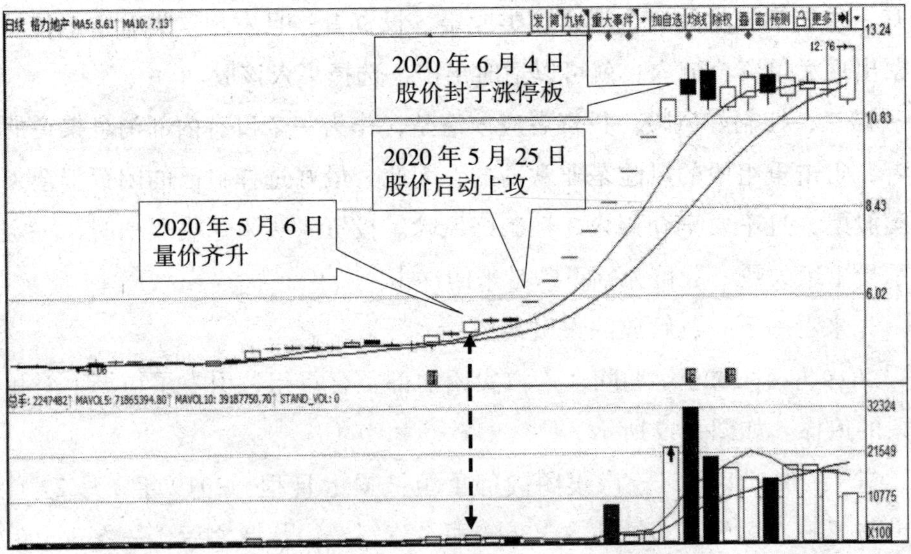

图 8-10 格力地产（600185）日 K 线走势图

2020 年 5 月 23 日，格力地产发布消息称，其准备通过发行股份和现金的方式收购珠海市免税企业集团 100% 的股权。由于该项重组将使得格力地产成为2020年度最热门概念——免税概念的概念股，因而，消息发布后，该股股价出现了连续涨停的走势。

如图8-10所示，格力地产的股价自2020年5月8日收盘后开始停牌。不过，自5月6日量价齐升后，股价出现回调走势。市场走势让普通投资者根本没有提前预知企业将要开展收购行动。不过，联系5月6日的走势可以发现，仍然有一部分先知先觉的资金入场了。

到了2020年5月23日晚上，格力地产发布公告，确认了收购消息。5月25日，格力地产复牌，复牌后该股股价直接一字板封盘，散户根本无法入场。其后，该股股价连续拉出了8个涨停板。从图中走势可以看到，只有第八个涨停板，普通投资者才有机会入场，不过，此时入场风险已经很高了。此后，该股股价进入高位盘整走势，这也是先前入场的资金开始离场的信号，投资者已经不适合入场了。

三、业绩预增

事物的发展是内外因共同作用的结果，内因起决定作用。对于一只股票来说，业绩就是股价变化的内因。业绩是股票的价值所在，是股票价格变化的物质基础和客观条件，所以，上市公司业绩的好坏，直接影响着股票的市场价格。

股价直接反映了企业的经营状况和业绩状况。但是，企业的经营情况都是每季度公布一次的，而股价的变动是随时的，因此，每当季报公布之后，市场就会自动修正一下股票的价格，使股价能更准确地反映股票的真实价值，反映企业的真实经营状况。正因如此，如果某只股票的业绩出现同比暴增时，股价也会随之出现暴涨。

选择有业绩预增的股票时，应注意以下两点。

第一，看业绩增长的幅度。一只股票业绩增长的幅度越大，未来的涨幅可能会越大，因此，投资者应尽量选择业绩暴增的股票。只有业绩暴增百分之几百，乃至百分之几千，股价才有可能被拉升到涨停板位置。

第二，看近期有无业绩炒作经历。如果业绩增长已经被提前预知，且市场已经出现了相应的炒作，那么，年报或季报公布之时，市场也不会有太大的波动了，投资者也就没有必要参与其中了。

与其他事件相比，业绩增长是对股票内在价值提振最为明显的一个因素，因此，也常常成为股票价格中线上行的一个催化剂。比如，三全食品的业绩从 2019 年第三季度到 2020 年年中，出现了持续性爆发态势，2020 年第一季度的业绩同比增长幅度超过 5 倍。与此相对应，股价也出现了一波中线上升走势。如图 8-11 所示。

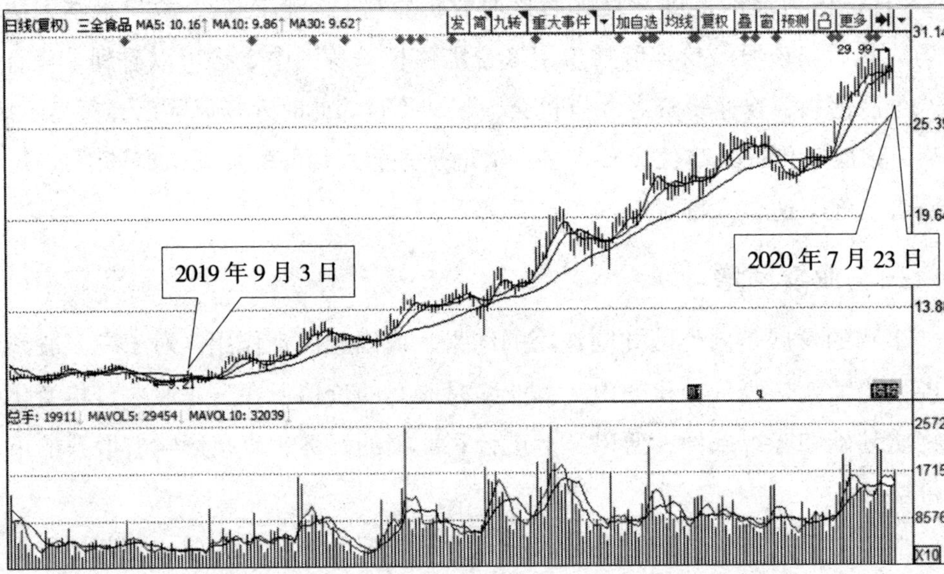

图 8-11 三全食品（002216）日 K 线走势图

如图 8-11 所示，三全食品的业绩从 2019 年下半年开始显露出将要爆发的态势，该股股价自 2019 年 9 月 3 日的 9.21 元启动，到 2020 年 7 月 23 日，该股股价已经上涨至 29.99 元的高位。由此可见，三全食品这一波业绩暴增，直接推动股价形成了 9 个月左右的上升行情。

再来看一下东方钽业的案例，如图 8-12 所示。

2020 年 8 月 19 日，东方钽业发布 2020 年上半年业绩预增调整公告称，净利润预计比上年同期增长 451.96%。2020 年 8 月 19 日，东方钽业开盘后，股价即开始强势上攻，并封于涨停板，如图 8-12 所示。

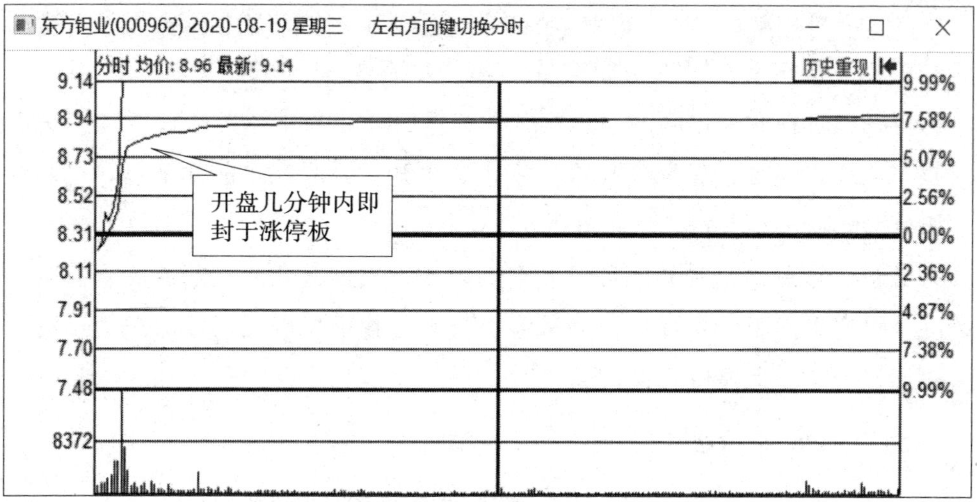

图 8-12 东方钼业（000962）分时走势图

从图 8-12 中可以看出，东方钼业的股价在早盘开盘几分钟内立即被拉升至涨停板位置。通常情况下，这种走势预示后市走势向好的概率很大。不过，还要结合当时的日 K 线走势情况分析，如图 8-13 所示。

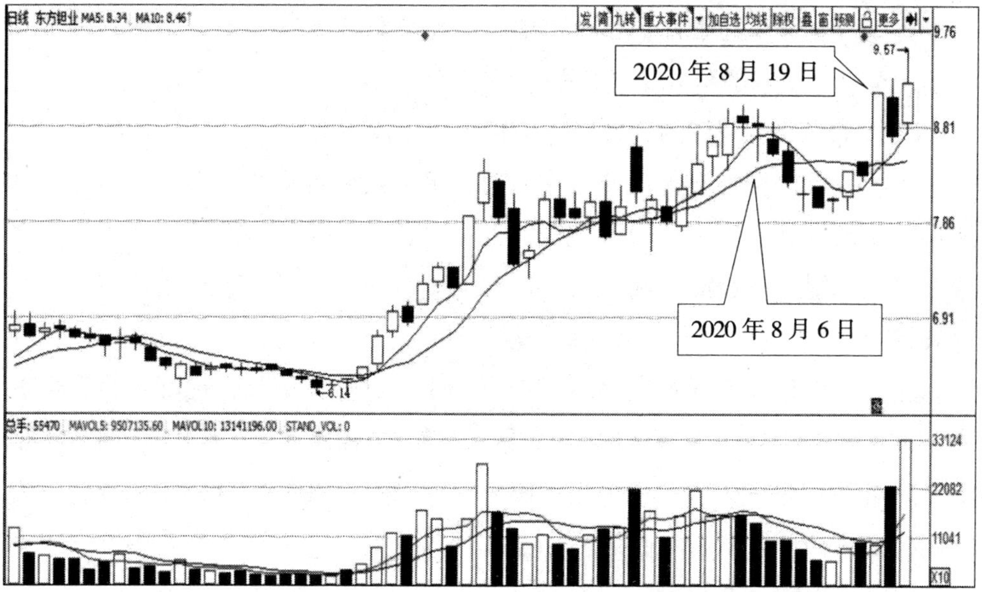

图 8-13 东方钼业（000962）日 K 线走势图

如图 8-13 所示，东方钽业的股价自 2020 年 8 月 6 日开始了一波下跌走势。该股股价在下跌过程中成交量出现了大幅萎缩。2020 年 8 月 19 日，东方钽业的股价在业绩预增的消息刺激下突然出现涨停，且当日 K 线向上突破了多条均线。同时，观察该股的 K 线走势可知，该股在之前并未热炒过业绩预增概念，这都是股价未来走好的信号。

不过，该股次日受外围环境利空的影响，股价低开低走。这并非预期的情况，投资者需要保持谨慎，激进型投资者可趁机少量入场，保守型投资者可以等股价站稳涨停位后再入场。

四、突发性事件

突发性事件，是指那些事先没有任何预期或计划的偶发性事件。这些事件发生后，对一些个股的业绩可能造成实质性的利好影响，进而推动股价上涨。不过，由于事件带有很强的突发性，很多主力资金也可能没有事先进行布局，这些资金可能会选择将目标股的股价连续拉升几个交易日再进行振荡建仓，而后再继续拉升。当然，实战中还要看这种突发性事件的影响力到底有多大，影响较小的事件，股价可能一波拉升行情就终结了，而影响较大的事件，可能会引发股价几个波段的拉升。

选择有突发性利好的股票时，应注意以下两点。

第一，看突发性事件的持续性。对于普通投资者来说，事件发生后，可能自己还没有反应过来，股价已经封上涨停板了，但若这类突发性事件的持续性很强，则在该股涨停板打开后出现调整时入场即可；若持续性不佳，则以观望为宜。

第二，看近期有无业绩炒作经历。如果有过炒作记录，说明主力资金事先还是了解一些情况的，已经提前布局，那么，当涨停结束，上升就可能终结；反之，若没有炒作痕迹，主力也是临时获得消息并开始拉升的，那么，主力肯定会在拉高一段股价后再进行加仓，因为前期仓位不够，拉升困难，主力炒作股价很可能得不偿失。

第三，选择最贴近突发事件的股票标的。投资者若无法判断和识别，可以通过涨停情况进行分析判断。最先涨停和涨停板最多的股票，往往就是题材与热点概念中的龙头。

下面来看一下以岭药业的日 K 线走势情况，如图 8-14 所示。

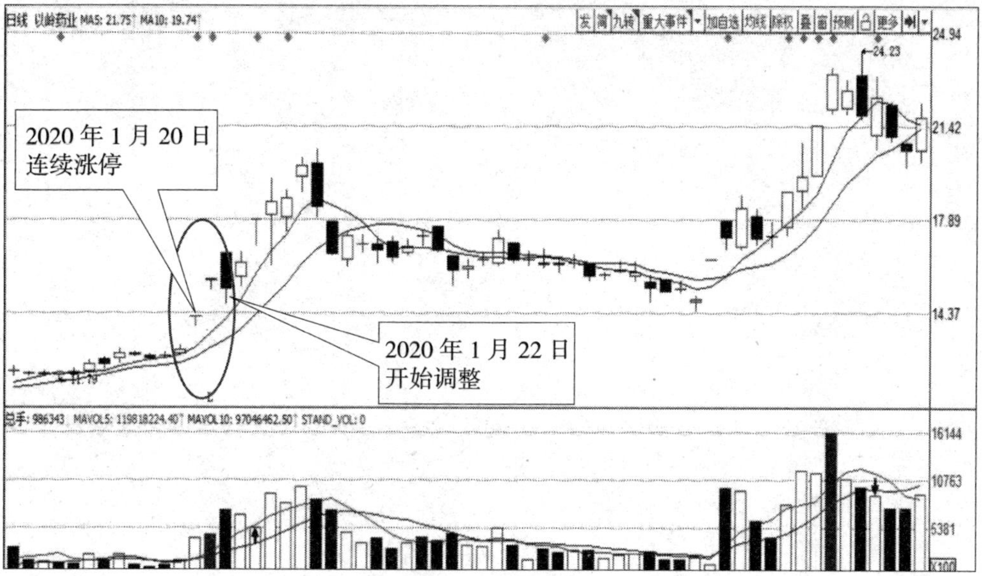

图 8-14　以岭药业（002603）日 K 线走势图

如图 8-14 所示，2020 年年初，新冠疫情爆发。以岭药业生产的葵花牌清瘟胶囊被认为对缓解新冠症状具有一定的功效，因而市场上的资金开始涌入以岭药业，以岭药业的股价从 2020 年 1 月 20 日开始连续两天拉出涨停板。

由于该股之前并未被大幅拉升，整体成交量也不高，因而可以认定主力资金的介入程度并不高。面对突发的疫情，主力资金也需要快速完成建仓，因而，这两天的股价涨停板都是 T 字板而非一字板，成交量已经开始放大。鉴于此时仍属疫情初期，投资者入场风险相对较小。

其后，该股股价结束涨停后，1 月 22 日出现了大幅回调整理走势。综合前面的分析可知，此时主力很可能会利用股价振荡大幅加仓。

其后，该股股价连续上攻，就更加可以印证之前的判断。即突发事件来临后，主力会迅速拉升，然后再入场加仓，而后继续拉升股价。

第九章

跟随选股法

跟随选股法，是指跟随市场上更容易获得内部消息或者选股水平较高的人或机构进行选股布局。对于普通投资者来说，个人掌握的信息相对较少，且准确性不高，若能跟随合适的对象，并按照这些跟随对象的选股方法来选择股票，不失为一种较佳的选择。跟随选股法，从某种意义上来说，不属于之前提及的三类选股逻辑中的任何一种。

跟随选股策略，也并非一跟了之。跟随对象以及跟随时机的选择，都是投资者需要考虑的因素，稍有不慎，也可能让自己被套在高位。

通常情况下，普通散户跟随的对象包括这样几类，如图 9-1 所示。

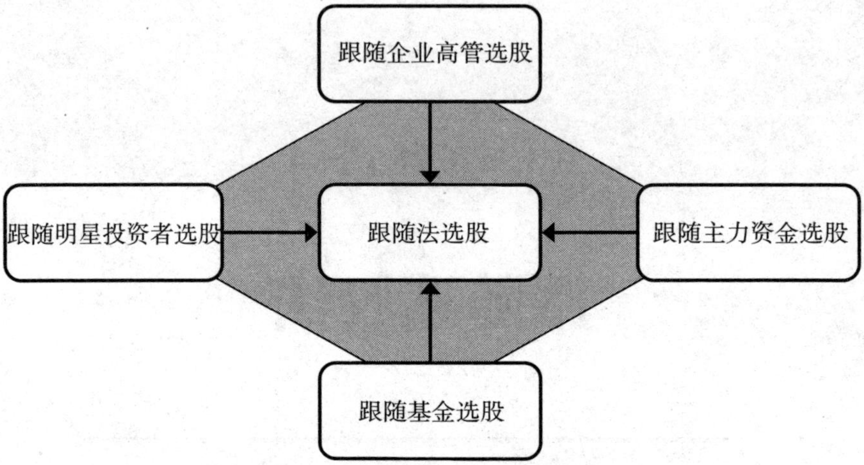

图 9-1　跟随法选股的跟随对象

第一，企业高管。这类人身在企业内部，是最了解企业运营动态的人。这些人的持股动向往往可以作为投资者投资的一个风向标。

第二，基金公司持股。基金公司有专门的上市公司调研与研究团队，且一般都与上市公司保持着良好的关系。在获取上市公司消息方面，基金公司也会先于普通投资者，因而，基金公司的持仓情况可作为投资者选股的一个重要参考。

第三，明星投资者持仓。市场上有很多明星投资者，诸多投资大牛、明星私募基金经理以及一些牛散的持仓记录，也常常成为普通投资者追踪的对象。当然，这些人的持仓记录并不会像上市公司高管持仓或者基金公司持仓那样公开、透明，所以跟随还是有一定难度的。

第四，跟随主力资金选股。这是短线交易者非常喜欢的跟随式选股法。通常情况下，主力资金流入较多的股票，往往属于近期热门股。

第一节 跟随企业高管选股操作要点

高管的持股变动情况能够在一定程度上反映出其对企业未来经营发展的态度。若高管不断增持股票，则意味着其对企业发展有很强的信心，普通投资者也可以放心买入股票；反之，若高管不断减持股票，则意味着其对企业发展缺乏信心，投资者需要慎重对待这类股票。

跟随企业高管选股，并不是简单地在企业高管买入（增持）时入场，在高管卖出（减持）时离场，也需要具体问题具体分析。

一、高管象征性增持

这是一种形式大于内容的增持。当一个企业的股票出现大幅下跌时，很多企业的高管出于稳定股价的原因，会被动地选择增持股票。这时候，投资者需要重点关注这些高管增持股票的数量以及未来的减持动向。如果某些企业高管增持股票的数量十分有限（有些公司的高管只是象征性地增持几百股），投资者可以从相反的角度来解读高管的增持行为，即这家公司的高管并不认可企业的发展前景，但是又觉得当前股价不高，不希望投资者离场。

比如，2020 年 8 月 4 日，绿地控股发布公告称，董事刘延平增持 0.1 万股。也就是说，刘延平以每股 8 元的价格买入了自家企业 1000 股股票。其实，无论对于高管还是散户，买入 8000 元的股票，都不是一个很大的数字。何况对于企业高管而言，增持 1000 股股票可能连仅有的象征性意义都不存在。

如图 9–2 所示，绿地控股的股价在 2020 年 7 月初经历了一波快速拉升，股价涨幅较大。其后，该股股价出现了振荡调整。2020 年 8 月 4 日，该股股价小幅调整时，绿地控股发布了董事增持信息。

图 9-2　绿地控股（600606）日 K 线走势图

对于这个信息，投资者根本无法将其看成是正常的企业高管增持股票信息，其后走势也难以预判，因此也就不能盲目地跟随其买入股票。对于增持量过低的股票，投资者还是以平常心来看待，尽量不要用跟随法买入。

二、低价增持，反弹减持

在股价暴跌时，如果企业高管采取了增持股票的行动，当股价上升一定幅度后立即采取减持行动，这其实就是一种变相的炒股，根本谈不上对企业的未来发展充满信心。不过，尽管如此，投资者跟随企业高管操作还是有好处的。在跟随过程中，需要注意这样几点。

第一，找准入场时机。通常情况下，大股东发布增持公告，且规模和数量较大，意味着站在大股东立场来看，当时的股价确实存在低估，投资者入手后，亏钱的概率相对较低。

第二，不仅要看大股东的增持公告，还要看其履行增持公告的情况。有些大股东发布增持公告后，并没有采取实际行动。因此，投资者也不能一见到大股东发布增持公告就买入，而要等大股东发布回购计划实施公告时再择机买入。

第三，大股东发布回购公告，确实对股价有提振作用，但并不意味着能够很快改变股价的运行方向，只是当时股价可能已经处于相对低位区域了。此时，投资者可采取分批入场的方式，慢慢分批建仓。

第四，股价经过一段时间的反弹后，大股东或高管发出减持公告时，投资者则需注意选择高点适当减仓，这说明企业内部人士已对股价继续上行缺乏信心了。

下面来看一下隆基股份的日K线走势情况，如图9–3所示。

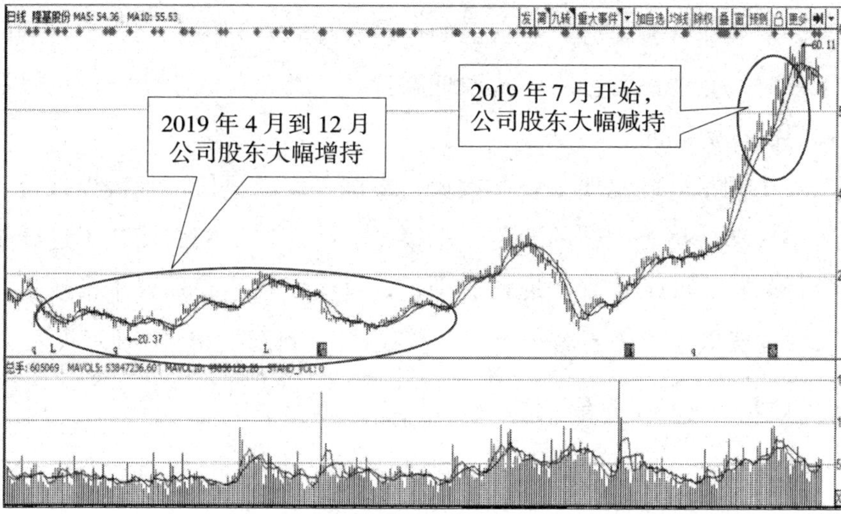

图9–3　隆基股份（601012）日K线走势图

如图9–3所示，隆基股份的股价在2019年一直进行低位盘整，股价位于30元下方。在此期间，各大股东和高管连续开启增持模式，大股东增持，高管增持，总之，整个2019年就是该企业的股东和高管增持年。对于喜欢跟随高管选股的投资者而言，这类股票就是最好的投资标的。这不是某一个股东或高管的增持行为，而是整个公司高管和大股东的增持，这说明企业内部人员对股价的看法是一致的，即当前股价处于低位，未来一定会上涨。

到了2020年6月以后，该股股价已经上涨至40元以上位置，各大股东和高管又开始陆续发布减持公告，特别是从7月11日开始，大股东和高管连续进行大幅减持。投资者看到此类情况，最好也随之减持或清仓。

原来这家企业的高管和股东并非特别看好企业的未来发展，或者他们预期的企业股价也就是会从30元上涨到50元或60元左右。当然，半年之内，这些高管或股东的股票都取得了翻倍的业绩，也算是非常不错了。跟随这些高管或股东进行交易的投资者，也能够获得不菲的收益。

三、连续增持，很少减持或从不减持

若是一家企业的高管（最高管理者更佳）在上市公司任职时间较长，且在任职期间一直增持自家企业的股票，很少减持或从不减持，就说明高管对企业的未来发展非常有信心，对自己的经营管理非常有信心。这类企业的股价出现下跌时，企业高管会毫不犹豫地增持，这类企业的股票往往可以成为投资者理想的投资标的。

例如，中国平安的马明哲曾多次增持中国平安的股份，且很少减持；董明珠也曾多次增持格力电器的股份，也很少减持。这从侧面反映了这些企业的高层管理者对企业的未来发展信心十足。这类股票往往都属于市场上的优质股和长线绩优股。投资者若致力于长线投资，可以选择这类股票买入。

四、减持，也不全是利空

高管减持股票，通常被认为是一种利空消息，不过，也需要具体问题具体分析。

第一，高管持股的来源。高管持有的企业股票大多源于两个途径：其一，股票首发上市的原始股；其二，上市公司向高管提供的股权激励。股票来源不同，其减持所带来的影响也不尽相同。

第二，公司高管手中的股票若是通过股权激励获得，且在解锁期到来时立即减持，这种情况是投资者最应该关注的。这意味着企业高管对企业的发展前景非常悲观，根本不认为企业的股价将会上涨，投资者也应该尽量远离这类股票。

第三，公司高管若同时也是企业的创始团队成员，且握有大量的原始股份，则需要区别对待其减持行为。首先，若公司大量股份都掌握在高管或创始人手中，必然存在股票流动性不足的问题，机构或其他资金也不愿意交易这类股票，股价的上涨空间有限。公司高管通过适当减少持股，可以增强股票的流动性。其次，公司高管适度减持股票（被减持股票占自己持股的比重很低），且没有连续减持，则不应该将其看成是对企业的发展缺乏信心。其三，若公司高管在股票解禁期结束后连续大幅减持股票，则可认定其对企业的发展缺乏必要的信心，投资者不宜再买入这类股票。

第二节 跟随基金选股操作要点

通常情况下，每季度结束后，各家基金都会公布上一季度的最新持仓情况，还会给出持仓前十名证券的名称、持仓数量与金额等。这些数据可以成为投资者跟随基金选股时重要的参考依据。

一、选择基金扎堆的股票

通常情况下，一只股票的持股机构数量越多，说明市场上大部分投资机构都认可其投资价值，未来股价继续走高的概率很大。

在查看基金扎堆的股票时，需要注意这样几点。

第一，查看机构整体的持仓情况，包括持仓机构数量以及持仓量等数值。

第二，注意关注持仓机构数量和总持仓量的变化。若持仓机构数量和总持仓量持续走高，说明市场上的股票被基金持有的比重越来越大，股价继续上行的概率很高；反之，则有回调的风险。

下面来看一下 A 股第一高价股贵州茅台的机构持仓情况，如图 9-4 所示。

从图 9-4 中可以看出，2020 年第二季度，持有贵州茅台的机构达到 1453 家，其中仅基金就有 1354 只，而前十大流通股股东持有的流通盘占比达到 75.48%。这说明贵州茅台的股票绝大部分掌握在各大机构手中，该股的高成长性已经获得市场的广泛认可。

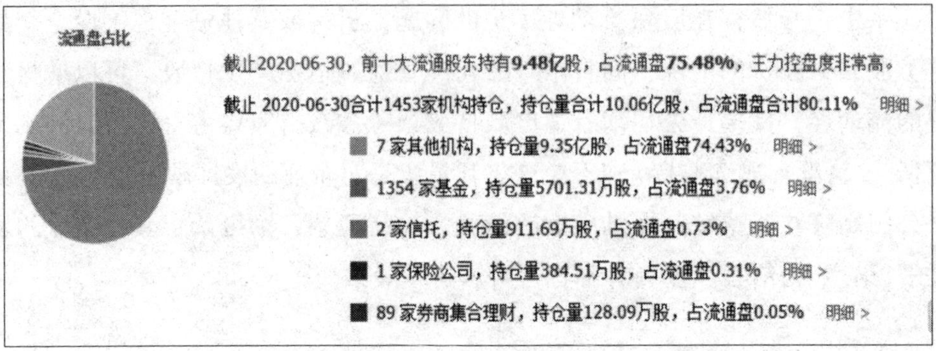

图 9-4　贵州茅台（600519）的机构持仓情况

二、追随明星基金产品的持仓

越是市场上知名投资机构的持仓，越能反映股票被市场认可的程度，特别是被国家队的资金持仓。例如，一些社保基金的持仓情况，更值得普通投资者研究，毕竟社保基金的钱，是很多退休员工的“买米钱”。

下面来看一下双汇发展的机构持仓情况，如图 9-5 所示。

机构或基金名称	持有数量(股)	持股变化(股)	占流通股比例	变动比例	股份类型	持股详情
香港中央结算有限公司	8513.45万	⬆45.23万	9.65%	⬆0.53%	流通A股	点击查看
中国证券金融股份有限公司	5797.11万	不变	6.57%	不变	流通A股	点击查看
中央汇金资产管理有限责任公司	3158.59万	不变	3.58%	不变	流通A股	点击查看
全国社保基金一一一组合	2001.56万	⬆1070.47万	2.27%	⬆114.97%	流通A股	点击查看
中国工商银行-广发稳健增长证券投资基金	1960.00万	⬆948.00万	2.22%	⬆93.68%	流通A股	点击查看
全国社保基金五零三组合	1699.95万	新进	1.93%	新进	流通A股	点击查看
全国社保基金一零一组合	1602.09万	⬇-267.56万	1.82%	⬇-14.31%	流通A股	点击查看
全国社保基金一一五组合	1380.00万	新进	1.56%	新进	流通A股	点击查看
全国社保基金四一四组合	1324.69万	⬆247.29万	1.50%	⬆22.95%	流通A股	点击查看
全国社保基金一一六组合	902.00万	不变	1.02%	不变	流通A股	点击查看

社保基金

图 9-5　双汇发展（000895）的机构持仓情况

从图 9-5 中可以看出，双汇发展 2020 年第二季度的前十大股东中，有 6 家属于社保基金旗下的投资组合，这说明社保基金非常看好该股的投资价值。当然，双汇发展的财务状况、盈利能力以及未来的发展空间，相比其他企业具有较为明显的优势，也是社保基金投资该股的原因，同时也与双汇发展属于猪肉概念股票和农业概念股票有关。

投资者也可以选择一些明星基金，在每个季度结束后，查看其最新的持仓情况，以便于跟随选股。比如，张坤先生旗下的易方达中小盘混合基金，是一只长线表现比较优异的基金品种，投资者可通过追随该基金的持仓来选择自己心仪的目标股。如图 9–6 所示。

股票持仓　债券持仓　更多 >

股票名称	持仓占比	涨跌幅	相关资讯
泸州老窖	9.51%	1.99%	股吧
贵州茅台	9.24%	0.72%	股吧
五粮液	9.20%	0.91%	股吧
爱尔眼科	8.39%	2.56%	股吧
天坛生物	6.86%	0.23%	股吧
华兰生物	6.17%	-1.47%	股吧
通策医疗	6.01%	0.05%	股吧
上海机场	5.95%	2.21%	股吧
苏泊尔	5.85%	2.64%	股吧
宇通客车	5.80%	0.00%	股吧

前十持仓占比合计：　72.98%

图 9–6　易方达中小盘混合基金 2020 年第二季度持仓情况

从易方达中小盘混合基金的最新持仓来看，消费品行业特别是白酒行业，仍是其最偏爱的投资对象。投资者也可以从中挑选自己心仪的股票，作为备选的投资标的。

在查看这些明星基金的持仓时，需要重点关注最新的持仓相比上一期的持仓有无变化，特别是哪只股票新晋成为重仓股，哪些股票被剔除了重仓股行列，投资者也应及时做出相应的仓位调整。

三、跟随基金选股的不利因素

从某种意义上来说，跟随基金选股确实比较容易选到优质股，但在操作方面也存在一些问题。具体来说，包括以下几个方面，如图 9–7 所示。

第一，滞后性。基金持仓都是在季度结束后公开的，也就是说，跟随基金选股的投资者，无法在第一时间跟进目标基金的持股。当基金公布季报后再采取相应的行动，可能存在一定的滞后性。

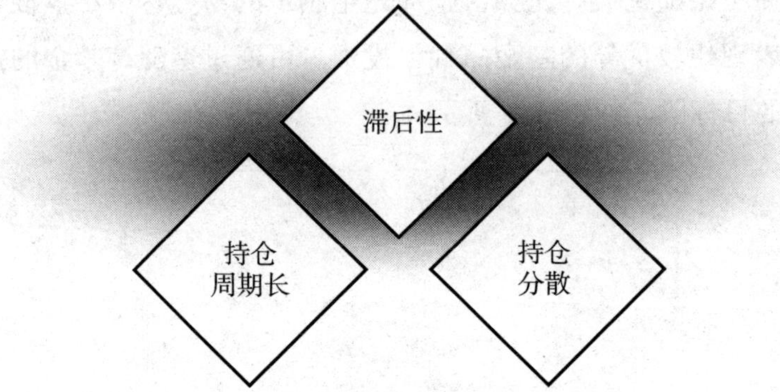

图 9-7　跟随基金选股的不利因素

第二，持仓周期长。基金一般都是从长线价值投资角度进行选股操作的。这些股票在短期内可能没有太好的表现，对于中短线交易者来说，并非是理想的选择。

第三，通常情况下，基金持仓会考虑分散风险。一般情况下，单只股票所占仓位不会超过 10%。但是作为普通投资者，不可能持仓那么多股票，若只跟随基金选择某只股票，则可能让自己的投资面临风险。因此，投资者在跟随基金选股时，也要适当地考虑分散风险。

第三节　跟随明星投资者选股操作要点

市场上一直有神化某些投资大咖的倾向，这些投资大咖就是投资者心目中的明星投资者，他们所选的股票也成为散户跟风的目标。

一、明星投资者的类型

一般来说，这些明星投资者大致可以分为三类，如图 9-8 所示。

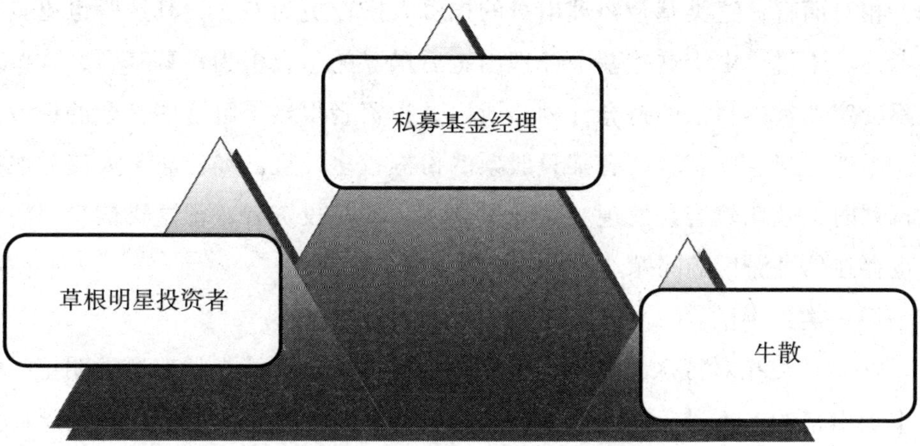

图 9-8 明星投资者的类型

第一类：草根明星投资者。

这些投资者都是通过自媒体平台或者一些股票交易平台举办的炒股大赛等获得了较高的曝光度，其持仓股票在过去取得了不错的业绩，因此收获了众多粉丝。这类明星投资者的情况相对复杂，各种类型都有，但都有一个共同点，即在过去操作某只股票或某个时期内取得了不错的投资业绩。

一些自媒体平台股票频道的大 V 们，或者微博、微信等平台的大 V 们，都可能成为普通投资者跟随的对象。现实中，也有一些不法分子利用这些大 V 的名气从事诈骗等操作，投资者必须要提高警惕。同时，也要考虑跟随大 V 选股的初衷，不能因为他们过去投资成功，就认定其未来选择的股票也会成功，而是要学习他们的选股方法和技巧，不能人云亦云，以免被套在高位。

第二类：私募基金经理。

很多基金公司或者私募基金都会打造自己的明星基金经理。通过这个明星基金经理，可以提升企业的知名度和美誉度，能够吸引更多的投资者将资金交给基金公司打理，因此，很多大牌基金以及基金经理都有打造的痕迹。同时，一些基金公司的明星基金经理也有可能离开原有平台，成为私募基金经理。

这些明星私募基金经理成为大咖后，也很容易成为普通投资者追踪的目标。相对而言，这类基金经理出身的投资人操作更为专业，其选股也更具有参考性。不过，由于这些基金经理出走后操盘的基金多为私募基金，这些基金不会定期披露自己的持仓计划，所以，投资者很难了解这些基金的选股情况。当然，当这些基金持有某只股票的份额较多，且已经位居十大流通股股东行列时，就比较容易发现其持仓股票了。但是投资者获得这类信息时，往往也存在信息滞后的问题。

第三类：牛散。

这是一类相对特殊的群体，他们中的有些人也可能是从普通的明星投资者中走出来的，不过，这些人的持仓量就不是普通投资者所能比拟的了。这些牛散的持仓股票也常常成为普通投资者跟随的对象。

这些牛散持仓往往有自己独特的风格，他们看好某只股票后，会下较大的赌注。这些人有时会押注那些即将退市的股票，因为这些退市的股票也存在重返市场的可能。但是，作为普通投资者，却很难向这些股票下重注。比较知名的牛散包括赵建平（持股偏向绩优 “次新股”），章建平（有“浙江股市第一盟主”之称），刘芳（因押中 *ST 金泰 42 个涨停板而一战成名），徐开东（热衷于炒作 ST 股票脱帽行情）等。

2020 年 2 月中旬，著名牛散章建平曾经大炒中国卫通。2020 年 2 月 14 日，中国卫通成交龙虎榜中出现了章建平的影子，如图 9-9 所示。

上榜原因：日换手率达20%的证券　　更多个股解读>>

营业部名称	买入金额(元)	占总成交比例	卖出金额(元)	占总成交比例	净额(元)
沪股通专用	6439.59万	2.81%	0.00	0.00%	6439.59万
国泰君安证券股份有限公司上海江苏路证券营业部 章盟主	6373.24万	2.78%	0.00	0.00%	6373.24万
国泰君安证券股份有限公司南京太平南路证券营业部 作手新一	4119.51万	1.80%	0.00	0.00%	4119.51万
中国银河证券股份有限公司北京中关村大街证券营业部	2889.32万	1.26%	0.00	0.00%	2889.32万
机构专用	2748.07万	1.20%	0.00	0.00%	2748.07万
					买入总计：22569.73万元
国联证券股份有限公司上海邯郸路证券营业部	0.00	0.00%	8120.11万	3.54%	-8120.11万
沪股通专用	0.00	0.00%	7903.03万	3.45%	-7903.03万
东方证券股份有限公司上海浦东新区银城中路证券营业部 上海超短	0.00	0.00%	5117.99万	2.23%	-5117.99万
国金证券股份有限公司内江汉安大道证券营业部	0.00	0.00%	3207.37万	1.40%	-3207.37万
东方证券股份有限公司无锡新生路证券营业部	0.00	0.00%	2359.12万	1.03%	-2359.12万
					卖出总计：26707.62万元
					买卖净差：-4137.89万元

图 9-9　中国卫通龙虎榜（2020.2.14）

从图 9-9 中可以看出，章建平所在的国泰君安上海江苏路证券营业部，在 2020 年 2 月 14 日买入了 6373.24 万元的中国卫通，且没有卖出。

再看当时中国卫通的日 K 线走势情况，如图 9-10 所示。

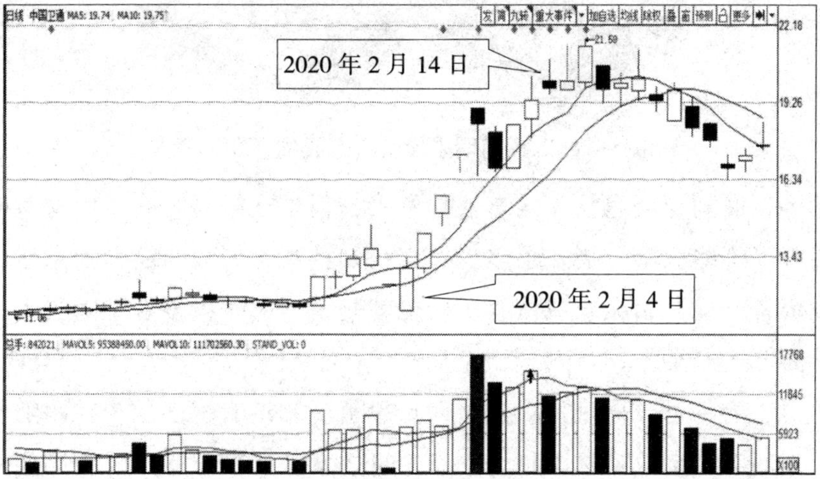

图 9-10　中国卫通（601698）日 K 线走势图

如图 9-10 所示，自 2020 年 2 月 4 日开始，中国卫通的股价随着大盘的反弹而出现连续上攻的走势。该股股价连续走出 3 个涨停板，其后经历了一波调整走势。2 月 14 日，该股股价跳空高开高走后低收，章建平就是在当日大举入场的。

其实，此时的股价经历了连续大幅上攻，已经进入高位并存在调整的需求了，投资者此时追涨风险极高。这是跟随明星投资者选股的一个较大弊端，尽管从当日的龙虎榜上能够看到明星投资者大举买入了 6000 多万元的股票，但我们并不知道之前他是否持有该股股票及持有份额。此时出现的大幅买入的信息，也有可能是做给其他投资者看的。因此，投资者必须对此时刻保持谨慎。

其后，该股股价在高位振荡几个交易日后出现了下跌走势。

二、跟随明星投资者的不利因素

通过前面的介绍，大致可以总结出跟随明星投资者选股的不利因素，如图 9-11 所示。

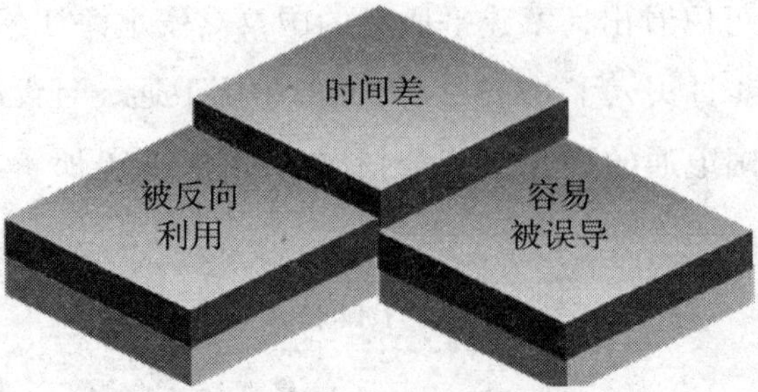

图 9-11　跟随明星投资者选股的不利因素

第一，时间差问题。作为普通投资者，很难在第一时间了解这些明星投资者买入了哪些股票，买入了多少，当获知其买入的股票品种信息后，可能这些投资者已经开始减仓或清仓了。也就是说，此时投资者跟随买入，可能正好成为“接盘侠”。

第二，容易被反向利用。这些明星投资者知道有很多散户在跟随他们，因而，他们有时会故意暴露持仓动态，目的就是让散户接盘，否则他们的大量持仓很难顺利派发。

第三，容易被个别明星投资者误导。这些明星投资者中，有一些确实有自己独到的选股策略与方法，有些人则是借着牛市的东风，因偶尔选中某只暴涨股而成为普通散户心中的“股神”，但这并不能说明其后续的选股操作也有参考价值。投资者跟随这类投资者选股，可能会误入歧途。

第四节　跟随主力资金选股操作要点

从短线来看，股价的涨跌都是由资金的进出推动的，因而，准确地把握主力资金的进出动态，是选择短线目标股的一个不错选择。

当然，对于普通投资者而言，主力资金的动态并不容易掌握。一般可以通过以下几个途径了解主力资金的动向。如图 9-12 所示。

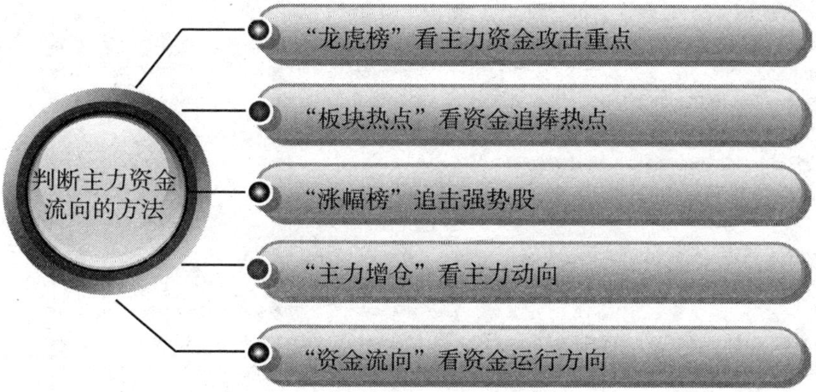

图 9–12　判断主力资金流向的方法

一、“龙虎榜”看主力资金攻击重点

在沪深两市，当每日涨跌幅和换手率达到一定程度时，证券交易所就会公布当日买入、卖出金额最大的 5 家会员营业部或交易单位名称以及各自的买入、卖出金额。

登上龙虎榜的股票，需要满足以下几个条件。

第一，当日涨跌幅超过 ±7% 的前五只股票。

第二，当日价格振幅超过 15% 的前五只股票。

第三，当日换手率超过 20% 的前五只股票。

图 9–13 为 2020 年 8 月 21 日首钢股份登上龙虎榜的数据。

再来看一下首钢股份的日 K 线走势情况。

如图 9–14 所示，首钢股份的股价在经历了一段时间的横向调整后，2020 年 8 月 21 日，该股股价低开高走并以涨停报收，同日，首钢股份登上了龙虎榜。从龙虎榜中可以看出，当日有大量资金进出（进场资金与离场资金都比较多），投资者需要对该股后续走势保持关注。

一只股票登上龙虎榜，意味着主力存在异动情况，特别是股价达到涨停板位置，投资者更需要密切关注未来的股价变化。对于之前没有出现过大幅上涨的股票，若主力资金开始大幅流入，则预示着股价未来有继续上涨的可能。

上榜原因：日涨幅偏离值达7%的证券　　　　更多个股解读>>

涨幅偏离值达到 7%

营业部名称	买入金额(元)	占总成交比例	卖出金额(元)	占总成交比例	净额(元)
深股通专用	3564.08万	11.89%	1355.98万	4.53%	2208.10万
国盛证券有限责任公司合肥翠微路证券营业部	2220.35万	7.41%	4700.00	0.00%	2219.88万
华泰证券股份有限公司南京中山北路证券营业部	1266.91万	4.23%	11.40万	0.04%	1255.51万
中信建投证券股份有限公司佛山南海城南二路证券营业部	627.71万	2.09%	0.00	0.00%	627.71万
中国银河证券股份有限公司上海普陀区常德路证券营业部	569.14万	1.90%	0.00	0.00%	569.14万
					买入总计：8638.15万元
广发证券股份有限公司唐山大里路证券营业部	389.02万	1.30%	2094.46万	6.99%	-1705.44万
中国国际金融股份有限公司青岛香港中路证券营业部	0.00	0.00%	1607.84万	5.37%	-1607.84万
深股通专用	3564.08万	11.89%	1355.98万	4.53%	2208.10万
西部证券股份有限公司北京德胜门外大街证券营业部	0.00	0.00%	745.00万	2.49%	-745.00万
兴业证券股份有限公司深圳分公司 揭板王	9400.00	0.00%	593.03万	1.98%	-592.09万
					卖出总计：6408.18万元
					买卖净差：2229.97万元

图 9-13　首钢股份龙虎榜数据

图 9-14　首钢股份（000959）日 K 线走势图

二、“板块热点”看资金追捧热点

钱的流向，就是市场热炒的方向。一些股票交易软件提供了“板块热点”功能，该功能可以为投资者提供资金流入前几名的板块，从而为投资者选择目标股票提供支持。“板块热点”中资金流入前几名的板块，也是大盘上涨的主要推动力量。换句话说，若资金流入前几名的板块中所含的权重股、大盘股较多，则大盘上涨的可能性较大；反之，若热点板块中只包括了一些小盘股，大盘股所在的板块却呈现出资金流出状态，则大盘下跌的可能性较大。

以同花顺软件为例，点击大盘分时图下方【指标平台】中的【板块热点】，可以实时查看热点板块，如图 9–15 所示。

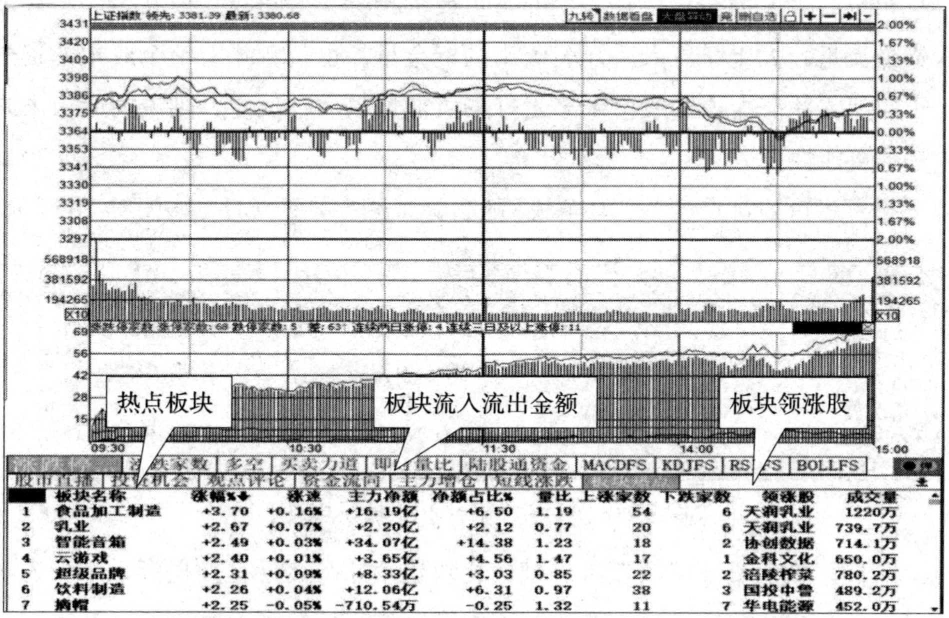

图 9–15　【大盘分时图】|【指标平台】|【板块热点】

图 9–15 所示为 2020 年 8 月 21 日【板块热点】示意图。通过该图，可以看出当日的领涨板块为食品加工制造、乳业、智能音箱等消费类板块，领涨品种主要是天润乳业和协创数据等。这些领涨板块具有如下几个特征：其一，食品消费类板块涨幅居前，食品加工制造、乳业、饮料制造以及超级品牌等板块涨幅都位居前列；其二，领涨板块中权重股较少，排名第一和排名第二的板块市值都不大。这说明此时权重股并未启动上涨，都是中小盘股票领涨，大盘走势并不明朗。

投资者在查看热点板块与领涨股时，若对某只股票感兴趣，可直接用鼠标右键点击该股票，并在弹出的快捷菜单中选择“加入自选股”即可。

借助“板块热点”功能研判大盘走势时，需要注意以下四点。

第一，大盘向好时，热门板块的涨幅较高，且板块市值较大，即多由权重股组成。

第二，大盘走势较差时，领涨板块涨幅较小，且轮转速度非常快。也就是说，上午可能还是白酒板块领涨，下午可能就是机械制造板块领涨了。

第三，“主力净额”是一个非常重要的指标，若净流入前几名的板块流入资金流量，大于净流入后几名流出的资金量，也就意味着整个股市的资金呈正向流入状态，说明股市未来走好的可能性较大；反之，则说明股市未来走差的可能性较大。

投资者可通过点击“主力净额”的名称来调整排列顺序，如图 9-16 所示。

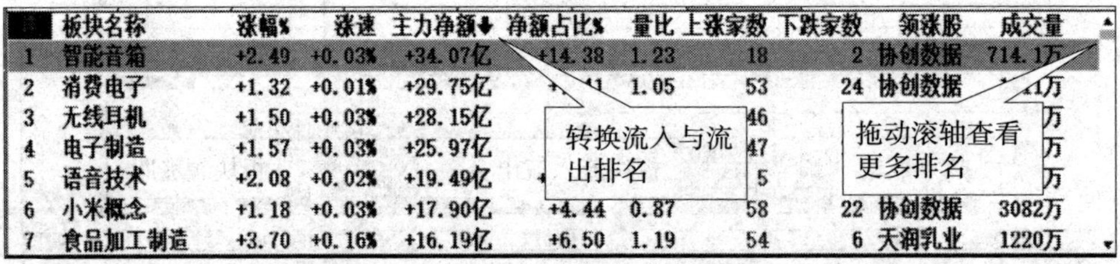

	板块名称	涨幅%	涨速	主力净额↓	净额占比%	量比	上涨家数	下跌家数	领涨股	成交量
1	智能音箱	+2.49	+0.03%	+34.07亿	+14.38	1.23	18	2	协创数据	714.1万
2	消费电子	+1.32	+0.01%	+29.75亿	[illegible]	1.05	53	24	协创数据	[illegible]
3	无线耳机	+1.50	+0.03%	+28.15亿	[illegible]	[illegible]	46	[illegible]	[illegible]	[illegible]
4	电子制造	+1.57	+0.03%	+25.97亿	[illegible]	[illegible]	47	[illegible]	[illegible]	[illegible]
5	语音技术	+2.08	+0.02%	+19.49亿	[illegible]	[illegible]	5	[illegible]	[illegible]	[illegible]
6	小米概念	+1.18	+0.03%	+17.90亿	+4.44	0.87	58	22	协创数据	3082万
7	食品加工制造	+3.70	+0.16%	+16.19亿	+6.50	1.19	54	6	天润乳业	1220万

图 9-16 【指标平台】|【板块热点】

第四，板块资金持续流入。某一板块连续几个交易日呈现资金净流入状态，若一个或几个交易日能够位居主力净额排行榜前列，则该板块就属于短期热门板块。投资者若想进行短线操作，可以从这个板块中选择龙头股。

三、“涨幅榜”追击强势股

优中择优，即从表现最优秀的板块中找寻超短线强势股。通常情况下，当某一热点出现或即将出现时，该板块或相关板块就会出现全线上涨的情况，具体表现为：某日开盘后，半个小时内同一板块多只股票封上涨停板或正在冲击涨停板。此时，投资者可认定该板块为当日的热点板块，并可从中选出一只强势股。

具体操作方法如下。

第一步：开盘 15 分钟后，打开涨幅榜，密切跟踪个股情况，即点击

同花顺菜单栏【报价】|【涨幅排名】|【沪深 A 股涨幅排名】，如图 9-17 所示。

涨幅排名 | DDE排名 | 资金流向 | 主力增仓 | 财务数据 | 涨停排名 | 上市至今排名 | 陆股通排名

	代码	名称	涨幅%	现价	涨跌	买价	卖价
1	605008	N长鸿	+44.02	15.18	+4.64	15.18	--
2	605178	N时空	+44.01	92.61	+28.30	92.61	--
3	688229	博睿数据	+13.93	146.60	+17.92	146.52	146.60
4	688069	德林海	+11.98	135.74	+14.52	135.74	135.80
5	600983	惠而浦	+10.09	6.33	+0.58	6.33	--
6	002141	贤丰控股	+10.09	3.82	+0.35	3.82	--
7	300313	天山生物	+10.07	7.76	+0.71	7.76	--
8	000959	首钢股份	+10.07	4.81	+0.44	4.81	--
9	002026	山东威达	+10.06	9.85	+0.90	9.85	--
10	603997	继峰股份	+10.05	8.32	+0.76	8.32	--
11	002027	分众传媒	+10.05	7.01	+0.64	7.01	--
12	000722	湖南发展	+10.04	8.33	+0.76	8.33	--
13	600726	华电能源	+10.04	2.85	+0.26	2.85	--
14	300254	仟源医药	+10.04	9.10	+0.83	9.10	--
15	300245	天玑科技	+10.03	11.41	+1.04	11.41	--
16	002852	道道全	+10.02	23.38	+2.13	23.38	--
17	600823	世茂股份	+10.02	5.05	+0.46	5.05	--
18	300801	泰和科技	+10.02	27.56	+2.51	27.56	--
19	600366	宁波韵升	+10.02	6.70	+0.61	6.70	--
20	601882	海天精工	+10.01	15.49	+1.41	15.49	--
21	300592	华凯创意	+10.01	23.51	+2.14	23.51	--
22	300857	协创数据	+10.01	39.33	+3.58	39.33	--
23	300846	首都在线	+10.01	34.50	+3.14	34.50	--
24	002430	杭氧股份	+10.01	19.56	+1.78	19.56	--
25	300859	西域旅游	+10.01	29.56	+2.69	29.56	--
26	300647	超频三	+10.01	10.66	+0.97	10.66	--
27	603931	格林达	+10.01	37.26	+3.39	37.26	--

图 9-17 沪深市场涨幅榜（2020.8.21）

第二步：确认热点板块。从图 9-17 中可以看出，2020 年 8 月 21 日的沪深涨幅榜上股票热点比较分散，涨停板涵盖了园林科技、软件工程、汽车零部件、钢铁、能源电力等诸多领域，但总体上来看，仍以中小盘股票为主。

第三步：从热点板块中选择即将启动的个股。投资者确定目标板块后，可以跟踪整个板块中多只个股的股价分时走势，一旦发现某只股票的股价出现异动，即出现放量上攻形态，则可迅速跟进买入该股。

不过，投资者需要注意一点：有时候，整个板块启动时，有些个股也会跟进上涨，但只是刚有小幅上涨便又出现回落了。为了避免选中这样的股票，投资者需要注意股价启动上涨时成交量的放量程度，即只有持续大幅放量的股票，才能考虑跟进。

利用涨幅榜选择目标股时，还应注意这样几点。

第一，大盘处于盘整或上涨趋势中。

第二，股价处于底部盘整或上涨中期。

第三，该板块所具有的题材是其他板块不具备的，且预期能够给该板块上市企业带来丰厚的收益。

第四，股价启动前已经出现了资金流入迹象。

第五，股价带量突破重要阻力位时，往往就是该股的最佳买点。

四、“主力增仓”看主力动向

“主力增仓”是一个比“板块热点”更加具体且能够看清资金流向的指标。通过同花顺软件中大盘分时图界面下方的指标平台可以调出该指标。通过该指标，投资者能够了解资金具体流入了哪些个股，如图 9-18 所示。

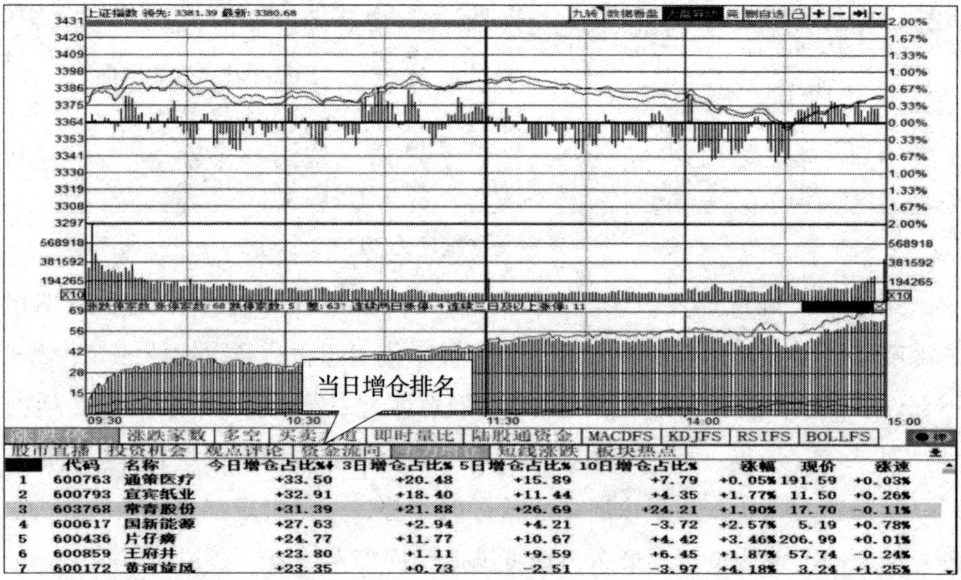

	代码	名称	今日增仓占比%	3日增仓占比%	5日增仓占比%	10日增仓占比%	涨幅	现价	涨速
1	600763	通策医疗	+33.50	+20.48	+15.89	+7.79	+0.05%	191.59	+0.03%
2	600793	宜宾纸业	+32.91	+18.40	+11.44	+4.35	+1.77%	11.50	+0.26%
3	603768	常青股份	+31.39	+21.88	+26.69	+24.21	+1.90%	17.70	-0.11%
4	600617	国新能源	+27.63	+2.94	+4.21	-3.72	+2.57%	5.19	+0.78%
5	600436	片仔癀	+24.77	+11.77	+10.67	+4.42	+3.46%	206.99	+0.01%
6	600859	王府井	+23.80	+1.11	+9.59	+6.45	+1.87%	57.74	-0.24%
7	600172	黄河旋风	+23.35	+0.73	-2.51	-3.97	+4.18%	3.24	+1.25%

图 9-18 【大盘分时图】|【指标平台】|【主力增仓】

主力增仓指标主要是通过增仓占比来体现的。增仓占比，是指主力增仓额与成交量之比。当日主力增仓占比，就是当日主力增仓额占当日总成交额的比重。增仓占比越高，说明主力净买入量越大，未来上涨的概率越大。若连续多日增仓占比持续保持在高位，则说明主力非常看好该股的后期走势。

通过【指标平台】|【主力增仓】可以非常容易地了解主力今日增仓情况，如图 9-19 所示。

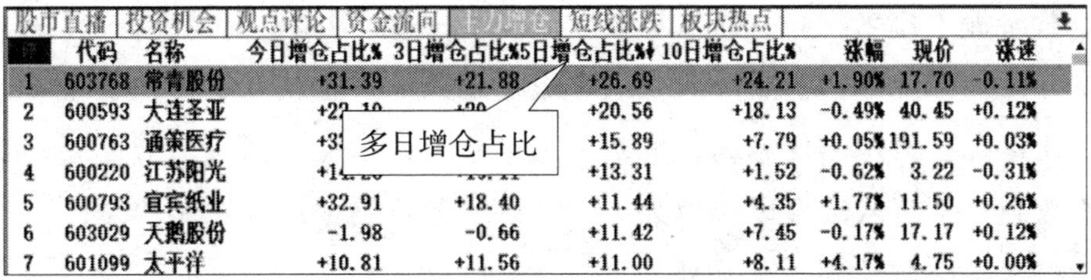

序	代码	名称	今日增仓占比%	3日增仓占比%	5日增仓占比%	10日增仓占比%	涨幅	现价	涨速
1	603768	常青股份	+31.39	+21.88	+26.69	+24.21	+1.90%	17.70	-0.11%
2	600593	大连圣亚	[illegible]	[illegible]	+20.56	+18.13	-0.49%	40.45	+0.12%
3	600763	通策医疗	[illegible]	[illegible]	+15.89	+7.79	+0.05%	191.59	+0.03%
4	600220	江苏阳光	[illegible]	[illegible]	+13.31	+1.52	-0.62%	3.22	-0.31%
5	600793	宜宾纸业	+32.91	+18.40	+11.44	+4.35	+1.77%	11.50	+0.26%
6	603029	天鹅股份	-1.98	-0.66	+11.42	+7.45	-0.17%	17.17	+0.12%
7	601099	太平洋	+10.81	+11.56	+11.00	+8.11	+4.17%	4.75	+0.00%

图 9-19 【指标平台】|【主力增仓】

借助“主力增仓”功能，投资者可以获得以下几个方面的信息。

第一，近期主力关注的热门品种。若某只股票出现连续 10 日主力增仓占比较高的情况，说明主力资金流入意愿较强，后市可高看一线。

第二，增仓占比排名中，若多只权重股位居前列，则大盘上涨的可能性较大，上涨行情也容易持续；反之，则上涨行情难以持续。

第三，若某只股票的当日增仓占比较高，而 3 日、5 日增仓占比较低，只能说明当日主力资金呈流入状态，未来走势并不明朗。

五、“资金流向”看资金运行方向

“资金流向”是一个与“主力增仓”相似的反映资金流向的指标。通过同花顺软件中大盘分时图界面下方的指标平台可以调出该指标。通过该指标，投资者能够看出流入资金的构成，如图 9-20 所示。

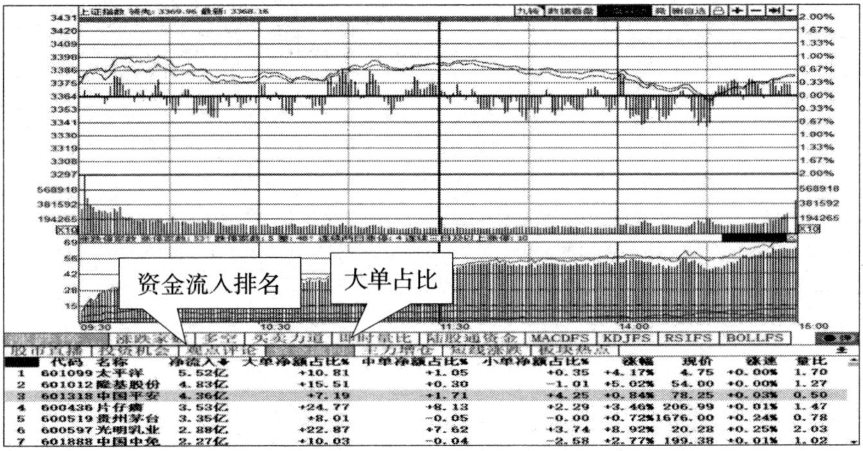

序	代码	名称	净流入	大单净额占比%	中单净额占比%	小单净额占比%	涨幅	现价	涨速	量比
1	601099	太平洋	5.52亿	+10.81	+1.05	+0.35	+4.17%	4.75	+0.00%	1.70
2	601012	隆基股份	4.83亿	+15.51	+0.30	-1.01	+5.02%	54.00	+0.00%	1.27
3	601318	中国平安	4.36亿	+7.19	+1.71	+4.25	+0.84%	78.25	+0.03%	0.50
4	600436	片仔癀	3.53亿	+24.77	+8.13	+2.29	+3.46%	206.99	+0.01%	1.47
5	600519	贵州茅台	3.35亿	+8.01	-0.05	-0.00	+0.72%	1676.00	+0.24%	0.78
6	600597	光明乳业	2.88亿	+22.87	+7.62	+3.74	+8.92%	20.28	+0.25%	2.03
7	601888	中国中免	2.27亿	+10.03	-0.04	-2.58	+2.77%	199.38	+0.01%	1.02

图 9-20 【指标平台】|【资金流向】

资金流入排名较高且流入量较大的股票，属于短线资金关注的热门品种，通常都是处于上涨行情中的股票。不过，在关注资金流入量时，还应注意大单占比情况。大单占比越高，说明主力资金流入占比越高，未来上涨的概率相对较高；若流入资金以小单为主，则说明散户资金流入占比较高，主力有可能正在出货，投资者宜谨慎。

可通过点击【大单占比】和【资金净流入】来调整排名情况，如图 9-21 所示。

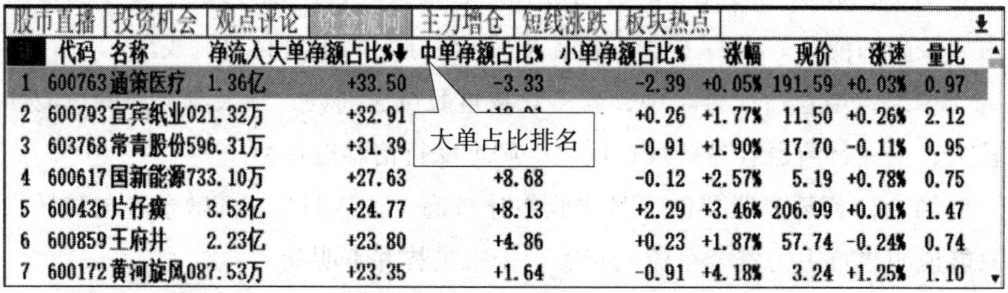

	代码	名称	净流入	大单净额占比%↓	中单净额占比%	小单净额占比%	涨幅	现价	涨速	量比
1	600763	通策医疗	1.36亿	+33.50	-3.33	-2.39	+0.05%	191.59	+0.03%	0.97
2	600793	宜宾纸业	021.32万	+32.91	[illegible]	+0.26	+1.77%	11.50	+0.26%	2.12
3	603768	常青股份	596.31万	+31.39	[illegible]	-0.91	+1.90%	17.70	-0.11%	0.95
4	600617	国新能源	733.10万	+27.63	+8.68	-0.12	+2.57%	5.19	+0.78%	0.75
5	600436	片仔癀	3.53亿	+24.77	+8.13	+2.29	+3.46%	206.99	+0.01%	1.47
6	600859	王府井	2.23亿	+23.80	+4.86	+0.23	+1.87%	57.74	-0.24%	0.74
7	600172	黄河旋风	087.53万	+23.35	+1.64	-0.91	+4.18%	3.24	+1.25%	1.10

图 9-21 【指标平台】|【资金流向】|【大单净额占比】

借助“资金流向”功能，投资者可以获得以下两方面信息。

第一，资金净流入较高的股票，属于典型的热门品种，若该股票的大单占比也很高，则说明该股属于主力热捧的股票。

第二，资金净流入排名中，若多只权重股位居前列，则大盘上涨的可能性较大，上涨行情也容易持续；反之，则上涨行情很难持续。